U0144980

臺灣人的
發財美夢

愛國獎券

初版序

不向命運低頭的臺灣生命力

當2002年公益彩券再度上路，也喚醒了我們對愛國獎券的記憶。

相信愛國獎券是現在「四、五年級生」記憶中的一部分，即使沒中過愛國獎券至少也買過愛國獎券；即使沒買過愛國獎券至少也聽過愛國獎券。雖然，愛國獎券中獎機率不高，卻能讓人「一券在手，希望無窮」。愛國獎券給人們無限的期待與夢想，當然也有喜從天降，為生活創造奇蹟，美夢成真的時候。

我一直努力尋找什麼是最能代表臺灣生活文化的圖象？我想曾經在臺灣這片土地生活的人們在食衣住行各方面所累積的生活經驗、信仰習俗以及藝術文化都算是臺灣記憶的一部分吧！可是，有什麼事物是臺灣記憶中，影響深遠普及又能展現臺灣生命力的呢？

當現實生活中有金錢無法滿足的願望時，大家總隨口會說：「等我中了愛國獎券，我就可以……」；當事情發生的機率很小、幾乎不可能發生時，大家總會說：「這比中愛國獎券還難耶！」；或當覺得很幸運時，會想要買愛國獎券，試一下是不是真的會鴻運當頭。愛國獎券是我孩提時常聽到的名詞，它的開獎總是眾所矚目，尤其「大家樂」盛行的時候，簡直是全民運動，全臺陷於幾近瘋狂的地步，將臺灣人賭性堅強不服輸的個性展露無遺，這是很難忽略的一段記憶。

當我翻閱愛國獎券圖象的時候，深深被它的內容所吸引。在這小小的版面上竟有如此豐富的訊息，竟然買獎券除了要愛國外，也要反共復國、節約救國、擁護領袖、遵守國民生活須知等。而圖案種類也琳瑯滿目，有歷史人物故事、古蹟名勝、故宮

國寶、國家建設、節日慶祝等。熟悉的景象一一呈現在眼前,心中有種似曾相識的感動,沒錯這正是我在找尋的臺灣味!

在深入了解之後,我才發現愛國獎券除了是我們所熟悉對獎的獎券外,政府發行時更賦予了它愛國的使命。它發行的時間幾乎與臺灣戒嚴時期重疊,它精美的圖象記錄了當時社會生活的軌跡與政府藝文政策的方向,以及經濟發展的過程與重大建設的成果。保存了許多政府政策的方向,是人們共同的話題,是臺灣近代史的縮影,更是值得我們典藏的臺灣記憶。

這本書之所以能順利完成,實在得之於太多生命貴人的指導與幫忙。首先,要感謝成功大學藝術所教授高燦榮博士,提供靈感與動機並悉心指導;許伯夷先生的慷慨相助,將愛國獎券贈與成大圖書館,方便我參考;畫家林幸雄提供我許多珍貴畫愛國獎券的經驗與資料,並給予最大的鼓勵,令我受益無窮;還有,中華美學藝術協會的賴重義先生主動贈送《臺灣愛國獎券圖鑑》一書,提供我許多資料;而黃志毅先生編著《愛國獎券圖鑑》也是我參考的工具書;以及台灣書房出版社的邀稿,與夥伴們辛苦的為這本書努力與催生。書中引用的資料若有不周、不盡理想之處,敬請來函指正。

當然也要感謝爸媽對我無微不至的照顧,讓我無後顧之憂可以專心完成此書;謝謝兩位舅舅認真一字一句的詳閱內容,給予許多寶貴的意見;以及由於忙碌沒太多時間陪伴的宏諭、宏恩,你們的懂事與諒解讓我覺得貼心之外,更覺得對你們有些心疼;還有許多一路陪伴與默默關心的朋友,感謝您們的關懷與支持!

最後,願將此書獻給關懷這片土地,以及曾在臺灣這片土地認真生活與打拼的人們!

劉葦卿
2008.7

再版序

人間有愛　斯土有情

　　當初基於想為我生活的這片土地——臺灣，留下一些記錄，找了曾經是臺灣人共同記憶的「愛國獎券」為主題完成了這本書。

　　當書出版後，如拋磚引玉，紛紛接到讀者的迴響，與我分享他們和愛國獎券的故事，令我覺得獲得的遠超過我所付出的。原來每個人的背後都有一部感人的故事，因為寫這本書，讓我有緣分享他們的記憶與真感情。

　　其中有讀者用毛筆寫信給我，回憶他打從十八歲自上海離鄉背井來到臺灣的故事。當初登上離家的那艘船，不知這是一條不歸路，故鄉就隨著逝去的波浪而遠離，再回首已年過八十了。來到臺灣結婚、生子，如今孩子都已成年，長子致力於演藝圈，並且曾榮獲金鐘獎的最佳男配角，目前定居在臺北，早已把臺灣當成另一個故鄉了……。他從一開始便收集愛國獎券，愛國獎券陪伴他光榮回故鄉的夢想，也陪伴他在臺灣生根的希望，在時代的宿命與洗練下，激盪出堅強的生命力。雖然與這位伯伯素昧平生，聽到他的人生故事，令我動容。

　　也有讀者激動的訴說小時候家中就是在賣愛國獎券，可以說是靠愛國獎券將他養大的。當他看到這些熟悉的圖象，回憶起許多成長的往事，那種深刻的記憶交織著太多複雜的情感，不是三言兩語可以說明白，於是，他參與了新書發表會，表達出比中獎還喜悅的心情。

　　有臺中的讀者看到此書，打電話跟我說「原來不是只有她喜歡，還真有人在收集

啊！」回想起她那一疊壓箱底的愛國獎券，曾經是父親的收藏品，在閒暇時父親總會拿起來仔細端詳，告訴她這張是在什麼特別日子購買；那張的圖案有什麼特別的意義。最後，在眾多孩子中，父親將獎券送給她，讓她覺得倍感恩寵，雖然只是幾張紙，她一直把它視為寶貝，尤其當父親百年之後，這是聯繫對父親思念的憑藉。

也有讀者是愛國獎券的收藏迷，花了許多時間和金錢，幾乎收集全部的大全張，還善心地願意將重複的獎券分享給有興趣的收藏者，或是可以相互交流。有的是還差某幾期，就是找不著，希望能完成收集整套愛國獎券的心願。

當朋友知道我在為愛國獎券尋找田調資料，也熱心提供他們家曾幸運中過第一特獎的往事，這份喜悅曾經是不能說的秘密，隨著時間的轉移，終於成為可以津津樂道的特殊記憶。

記得民國93年11月成功大學圖書館為愛國獎券舉辦回顧展的時候，適逢理工學院也舉辦畢業四十年的校友會，有位任教柏克萊大學的教授，長年旅居國外，闊別臺灣許久，此次特地回國參加校友會，發覺臺灣環境改變不少，能看見記憶中熟悉的愛國獎券相當歡喜。除了參觀展覽外，也說起還是窮學生的時候，曾經和同學一起買過愛國獎券的往事！

生活在這片土地的人們，也許每個人都有屬於自己不同的故事，但透過愛國獎券讓臺灣人的生活記憶再度鮮明起來。而我除了感謝還是感謝！感謝書寫過程中鼓勵幫助過我的所有人；感謝所有熱心介紹此書給聽（觀）眾的媒體主持人；感謝和我分享故事的朋友；感謝許多自掏腰包買書送人的前輩與友人；感謝此書有機會再版，並且加大版面讓圖象與文字更加清晰，方便讀者閱讀；感謝所有珍惜這些臺灣共同記憶與圖象的朋友。且將這份懷舊情懷化作無限的祝福，獻給孕育我們的母親——「臺灣」！

劉葦卿
2011.1.10

目次

06

發財美夢

愛國獎券的發行

1

在臺灣戒嚴時期，可說是愛國至上的年代，而為籌措國家建設經費而發行的獎券，也同樣有個深具使命的名字——愛國獎券。

愛國獎券從1940年直到1987年的年底停止發售，才從臺灣的歷史舞臺謝幕，它伴隨著臺灣人生活長達三十七年之久。它是戰後臺灣人們生活的一部分，也是臺灣戒嚴時期的歷史見證。

究竟彩券是何時開始發行？為何會由國家來發行？在認識愛國獎券之前，讓我們先回顧一下彩券發行的簡史。

話說從頭 — 彩券發行簡史

發行彩券是一種集眾人之資，以增加國家財政收入的開源方式。長久以來，各個國家在不同的歷史年代，便以發行彩票作為募集地方或國家稅收的方法之一，人們在購買彩票達成協助國家發展之偉大理念的同時，更滿足一夕致富的期盼。

世界上最早的彩券

在歐洲，最早的政府彩券出現於15世紀義大利的威尼斯，其後荷蘭、奧地利、普魯士、及其他歐洲各地也相繼發行由皇室特許的彩券，以募集資金興建教堂、運河、港口等公共設施。1762年荷蘭設立國家彩券局（Nederlandse Staatsloteij），成為第一個政府常設的彩券發行機構，以系統組織的方式從事彩券發行業務，迄今已有240年的歷史，成為日後政府彩券發行的楷模。

臺灣的彩券發行史

在臺灣的歷史上，購買彩券是臺灣娛樂文化中行之有年、又佔有重要影響力的消費行為。臺灣的獎券發行史最早可追溯到日治時代，先有日治時期的彩票，後有國民政府的愛國獎券，而且因為愛國公債勸募不佳，才有發行愛國獎券的想法。所以，以下先來介紹臺灣彩票，以及愛國公債。

臺灣最早的公營彩票 — 臺灣彩票

日本領臺之時，臺灣賭博風氣盛行，已成為嚴重的社會問題；而流傳在大陸華南地區由馬尼拉發行的彩票，也在臺灣大受歡迎，每年都有大量的資

金因購買彩票而流出。

　　當時的臺灣社會卻有瘟疫流行、貧民流離失所、寺廟荒廢等問題亟待解決，總督府雖然想推動慈善事業、建立衛生設施、維修寺廟，但卻又苦於財政捉襟見肘，因此決定也發行彩票來解決問題。

　　在1906年6月13日，總督府公告了〈臺灣彩票發行律令〉，成立彩票局，並且任命曾到海外考察外國彩票制度的專賣局長宮尾舜治兼任彩票局長（圖1-1）；規定為推動慈善事業、衛生及寺廟維護等目的之事業得發行彩票。

　　總督府原想利用臺灣人的投機心理，以高中獎率吸引投機者購買臺灣彩票，使之不再參與賭博，以杜絕賭風，並將彩票收入用於慈善衛生事業，不料投機者卻哄抬彩票價格或偽造彩票號碼來詐騙彩金，引起很大的爭議和混亂。使得日本政府相當審慎評估，認為彩票會敗壞國家風紀，而停止發行彩票便能防止。於是，在1907年3月20日停止彩票發行，總共發行五期（圖1-2）；短命的臺灣彩票有如曇花一現，匆匆地退出臺灣的舞台，這是臺灣最早的公營彩券。

圖1—1：紀念臺灣彩票發行的明信片
中有首任彩票局局長 —— 宮尾舜治，以及德製旋轉式的彩票搖獎機
資料來源：楊福蓮，《圖說臺灣ㄟ代誌》，博揚文化事業有限公司提供

圖1—2：臺灣彩券（共五期）
資料來源：楊福蓮，《圖說臺灣ㄟ代誌》，博揚文化事業
　　　　　有限公司提供

愛國獎券的前身 —— 愛國公債

　　由於愛國公債的發行效果不理想，才會有發行愛國獎券的構想。愛國公債開始籌募於1949年，當時因為全國（包含大陸與臺灣）的財政狀況出現嚴重短缺，尤其通貨膨脹嚴重，再加上需要龐大的軍事費用，在此情況下遂有愛國公債的發行。

　　在蔣中正總統檔案中對愛國公債發行有一段文字記載：

　　卅八年愛國公債額定三億銀元。公債條例早經院會通過。公債籌費委員會人選，亦經政院聘之。其臨時收據、正式債票，均已印妥。並已交央行運往重慶保管。……

為此次發行公債……，在意義上實行發行愛國公債平衡預算，此次則不僅平衡預算，實為輸財救國、破產保產。在方法上言以往為勸募為自由認購。此次則為派募、為強迫攤購。……只許超募，不得短募，只許成功不許失敗。……

〈蔣中正總統檔案〉，103號，財政 —— 金融，民國39年，國史館。

圖1—3：**民國38年面值五十元的愛國公債**

1949年，愛國公債籌募委員會遷到重慶辦公，各省區也都積極成立勸募分會並設立宣導委員。發行「愛國公債」（圖1-3）也成為國民政府遷臺初期，籌募建設國家資金的方法之一。並於1949年7月23日行政院發布《民國三十八年愛國公債條例》，而發行的目的在於「政府為激發人民愛國情緒，集中財力，平衡預算，穩定幣制，以達成戡建大業」。

在當時政府為了宣導這項政策軟硬兼施，一方面用半強迫的方式要求民眾認購（圖1-4），特別是對公務員與學校教師；另一方面，政府則是在報章媒體上對於認購單位或個人予以大肆褒揚與鼓勵，對於拒購愛國公債者採取公布姓名，並以增加認購標準的方式來恫嚇拒購者。

為了便於宣傳愛國公債，報上還刊載了一首《勸募公債歌》：

圖1—4：**民國39年臺灣省籌募愛國公債配募通知單**

喂喂喂大家拿出良心來拿出良心買公債
沒錢就勸募有錢就購買
勸人為愛國愛國本應該快快快
勸募工作要競賽至親好友不例外

——趙友培作詞，寄梅作曲，〈勸募公債歌〉，《中央日報》，1950年4月10日，第四版。

足見「勸募」之用心，甚至連提供兒童閱讀的「兒童週刊」上，都要對愛國公債的勸募提出呼籲，並將拒絕購買愛國公債的人視為沒良心，甚至認為是不愛國家的人。

由宣傳上的熱絡，看得出政府對愛國公債的寄望甚大，不過，人民對當時的政府信心不足，發行的結果並不理想，最後還動用警察予以協助勸募，甚至定下購買期限，若屆時尚未購足指定的數額，將由警局逐日傳訊，直到購買為止。由此可見民眾

購買的意願確實不高，甚至有的人在購買不久之後，便在報紙上刊登出售愛國公債的廣告。

按照《民國三十八年愛國公債條例》，到了愛國公債原先預定的發行截止期限（1950年3月31日）時，全省只籌募新台幣三千多萬元，距離預定的九千萬元，實在相差甚遠。面對如此的窘境，於是有發行愛國獎券的想法。

圖1—5：第1期的愛國獎券

夢想的啟航 —— 愛國又可致富

雖然愛國公債籌募的工作繼續進行，但政府為顧慮人民的負擔，為了抵補籌募不足的數字，臺灣省政府決定發行愛國獎券，以補配募愛國公債定額不足，並由省府財政廳負責，委託臺灣銀行發行。於是第1期的愛國獎券（圖1-5）在1950年4月11日開始發售，值得注意的是，行政院於當月的22日才批准愛國獎券發行，可見當時政府想要發行之急切。

為了取信於民，讓民眾相信此舉絕非空頭支票，政府一連數日在各大報紙上刊登愛國獎券的廣告，表示鐵定會如期開獎，同時保證不會對得獎人募任何捐款，以期大家對愛國獎券的支持。

在發行的過程當中，政府為了增加愛國獎券的發行量，於許多報紙上常看到鼓勵購買愛國獎券的宣傳口號，無論是「只花五元錢，可立成鉅富」、「發財不忘愛國，愛國可以發財」，甚至將中愛國獎券視為「本省同胞光輝鄉里，外省人士衣錦還鄉」的途徑之一。凡此種種，都可以看出政府宣傳愛國獎券用心的程度。

一個夢想賣多少錢？

在愛國獎券發行的三十七年又九個月中，售價也經過幾番調整（詳見附錄一），有時是配合台幣的升值，有時是為了配合特殊日子的到來。愛國獎券的第1期雖然轟動，但是它與第2期之後的發行數比較起來算是少的，原因是售價太高。

愛國獎券的售價第1期每大張售價一百五十元，分為同號十條，每條面額十五元（第1期「條」是一單張的意思，所以十條稱為一大張（圖1-6））第2期以後如有同號則以「聯」來區別，不再稱為「條」。以物價來說，當時一台斤蓬萊米，只賣約七、八角，一百五十元約可買到二百台斤蓬萊米，當時一名委任職的公務人員，一個月的全部薪俸，還不夠買一整張的愛國獎券，可見其售價之高。

圖1—6：第1期愛國獎券的第1-4條

　　為了刺激銷路，愛國獎券第2期面額下降為每張5元，一直到第577期，才調升為10元；第786期以後調升為20元；接著1001期後一直到結束發行，其售價均為50元。

　　其中，為了配合特殊的發行期數（如慶祝發行第1000期），或在農曆春節（如第1048、1086、1121期）間，國人大都剛領到年終獎金，所以財政廳鑑於買氣有可能增加，遂會擴大發行愛國獎券，並提高售價至一百元，待春節過後才又恢復其原來的售價。由此可看出，愛國獎券在售價方面的調整是有其適切性。

各期發行的數量與聯數

　　愛國獎券每期發行的基本張數，會隨時因銷售的好壞而調整其數量（詳見附錄二）。

　　愛國獎券一推出後，受到大家熱烈的歡迎，尤其第2期以後，每每都要加印才能應付需求，因此一再調高發行基本張數，到第42期基本發行張數達八十萬張最高，而後到315期時六十萬張為一個基數，但改為多聯發行，以配合發行數量的增加，也就是說同號的張數不再限於單一張，而是有很多張，稱為同聯。聯數從兩聯、三聯一直增加，第970期以後還增加到八聯，發行量都是超過百萬張（詳見附錄三）。

　　總之，愛國獎券的號碼雖都保持在六位數字，但藉由聯數的增加，可以印製出高達上百萬發行量的張數；也可以說，發行量大聯數就會增多；有多少聯數就會有多少張相同的號碼，同樣的中獎的數量也就有那麼多張。

每月發行次數與開獎日期

　　愛國獎券的每月發售次數是隨著銷售量的多寡，或有更動，所以每月的開獎次數也是有所變動。

張勝彥所編著的《臺灣省政府財政廳志》，記錄了愛國獎券每月開獎次數的演變：

「首三期每月發行一次，第1、2期月底開獎，惟第3期十六日開獎。第4期至11期止，每月發行兩次，分一日及十六日開獎。第12、13、14期又較為特殊，分別為當月一日、十六日、三十日開獎，換言之，當月增印一期。15至16期，每月又發行兩次，分月中及月底開獎。27期當月只發行這一次，開獎時間為二十日。28至334期止，每月亦發行兩次，但改定為每月五日及二十日開獎。自335期起至1148期，每月發行三次，定五日、十五日、二十五日，逢五開獎。1149期至1151期，為冷卻「大家樂」依附愛國獎券熱度，改為每月發行一次，並訂於每月二十五日開獎。1152期至1165期改為每月發行兩次，並定於每月十日、二十五日開獎。1166期起將開獎日期改為每月第二及第四個星期日上午十時舉行」。

從上述的紀錄，可以看出愛國獎券的每月發行次數，從開始的每月一次，逐漸增加至兩次，甚至三次；其間有時也會稍作調整，但大致上從335期起大致維持每月3次的發行次數。到後期是為冷卻「大家樂」熱度而減少發行次數。

而每月的開獎日期有選在每月的月初、月中、月底開獎均有。維持最長的是335期起至1148期，每月發行三次，訂在五日、十五日、二十五日，逢五開獎，這是大家比較有印象的開獎日期。

最後是自1166期起將開獎日期改為每月第二及第四個星期日上午十時舉行，維持到最後一期（詳見附錄四）。

第一特獎的獎金

「中了愛國獎券」是當時人的一個發財美夢，尤其是第一特獎。五〇年代的臺灣，人民對於愛國獎券的企求與夢想是相當大的，在當時二十萬足以成家。

而第一特獎的獎金是隨年代的不同，而有所調整：

1950－1969年的第一特獎獎金是20萬元；

1970－1976年的第一特獎獎金是50萬元；

1977－1982年的第一特獎獎金是100萬元；

1983－1986年的第一特獎獎金是300萬元；

1987年的第一特獎獎金則又調回100萬元。

根據資料，有史以來金額最高的愛國獎券是第1121期，該號碼共有二十聯，如二十聯全中，總獎金高達一億六千萬元，單張中獎金額為800萬。

雖然，愛國獎金的第一特獎金隨年代的遞移也有增加，但是，臺灣的社會經濟漸漸發展之後，國人國民所得提高，第一特獎的誘因已經不若當時豐厚，加上物價亦逐年增長。我們從歷年來第一特獎相對於每人每年國民所得的比例（詳見附錄五），由1950年代的142倍降為1987年的6倍，可見第一特獎的風光，已不復以往了。

幾家歡樂幾家愁的開獎過程

　　每次的開獎過程，是所有購買獎券者所關注的時刻，隨著開獎機器的更新與場地的不同，開獎方式也是略有變動的。

開獎地點

　　愛國獎券開獎本是自由參觀，而且從第一期開始開獎地點都在臺北市。愛國獎券在臺北開獎時的地點，初係借用臺北市中山堂，後因借用的時間難以配合，曾改借前臺北市第十信用合作社位於衡陽路之禮堂，及中央日報禮堂開獎，至臺灣銀行將承辦愛國獎券業務之營業單位遷至臺北市中華路198號後，乃將三樓整修為專用開獎場所。

憑入場券參觀

　　後來，有省議員提議應該將「開獎地點分散在全省較大的都市」，臺灣銀行也在省議會的決定下接受此建議，改為巡迴開獎後，因每縣市只開獎一次，恐參觀人士過於擁擠，乃行收券入場（圖1-7）的制度。從281期起，發行單位為取信於民，每期巡迴各縣市開獎一次，當期首先在臺北市中正堂開獎，可憑當期愛國獎券加蓋「入場券領訖章」（圖1-8）換取入場券參觀開獎實況（圖1-9）、（圖1-10）。

圖1—7：**愛國獎券入場券**
資料來源：黃志毅編著，《愛國獎券圖鑑》

圖1—8：**愛國獎券上有入場券訖領章**
資料來源：黃志毅編著，《愛國獎券圖鑑》

圖1—9：**愛國獎券開獎會場**
資料來源：黃志毅編著，《愛國獎券圖鑑》

圖1—10：**愛國獎券開獎情形**
資料來源：黃志毅編著，《愛國獎券圖鑑》

圖1—11：**開獎使用的法國電動開獎機，以一架獎別機及六架號碼機，共七架開獎機組成開獎**
資料來源：黃志毅編著，《愛國獎券圖鑑》

「幸運」的製造機

　　最初愛國獎券開獎，是使用手提六角形木質搖獎機四架組合搖獎，因其號碼球體積小，以致觀眾不能清楚看到搖出的號碼，經臺灣銀行建議改革，自第577期（60年1月5日開獎）起啟用法國電動開獎機（圖1-11），以一架獎別機及六架號碼機，共七架開獎機組成開獎。

　　開獎開始時，預先將獎別球及號碼球當眾各投入開獎機內，經按電鈕後，各機內之獎別及號碼球即自動落下，現場觀眾可以清楚看見獎別及獎號。每次開出之各獎中獎號碼，經登錄中獎號碼記錄單，並由現場各監督人核對蓋章，作為兌付中獎金額之依據。開獎進行順序為先開六位數字各獎，然後為五獎、六獎、七獎、八獎。

開獎現況的轉播

　　早期開獎現場除由正聲廣播電台即時播報開獎實況及中獎號碼外，當晚並有警察廣播電台及各電視台分別播報中獎號碼，臺灣銀行亦於次日之各報公告當期中獎號碼單，俾供購券人對獎。

　　後來自民國75年9月25日開獎的第1143期，首次經由電視作現場實況轉播，讓全臺的民眾可以目睹整個開獎過程，從此開獎成為大家可見到的焦點。

複製夢想 ── 同時期發行的其他獎券

　　在那個威權的時代，愛國獎券發行的當時，有許多政府為募款而發行的彩券也都沿用愛國獎券的發行辦法，堪稱愛國獎券的姐妹券。這些獎券不論發行單位為何、獎品的價值高低，其發行辦法都援用或比照〈臺灣省愛國獎券發行辦法〉，並經過政府核可。其中較具特色的是愛國獎券之《四季券》、《節約救國有獎儲蓄券》、《鑽石救災獎券》、《八七災區復興建設有獎儲蓄券》、《建國有獎儲蓄券》、《儲蓄獎券》、《國民儲蓄獎券》。

　　另外，愛國獎券之《優待獎券》並不是政府發行，是商家為促銷愛國獎券而發行，其中獎依附愛國獎券得獎號碼來對獎，可說是「大家樂」的雛形，在此也一併介紹。

愛國獎券之《四季券》

　　民國58年，臺灣經濟漸趨成長穩定，一般人對購買愛國獎券也愈來愈有興趣，於是，當局乃修改發行辦法，另增加發行四季券（圖1-12）。當時售價每張二十元，每年分春、夏、秋、冬四季發行；開獎日期為春季券五月一日，夏季券八月一日，秋季券十一月一日，冬季券次年二月一日。其面額每張二十元，尺寸較普通券為大，全部彩色印刷，圖案也相當精緻，且第一特獎獎額高達售出獎券總金額的20%，可惜因面額過高（當時一般愛國獎券每張僅五元），或等待開獎的時間（三個月）過長，以致銷路不佳，因此在民國59年秋季券發行以後，僅發行了七期即成絕響。

圖1—12：愛國獎券之《四季券》

圖1—13：《節約救國有獎儲蓄獎券》
資料來源：賴重義編，《臺灣愛國獎券圖鑑》

圖1—14：《鑽石救災獎券》
資料來源：賴重義編，《臺灣愛國獎券圖鑑》

《節約救國有獎儲蓄獎券》

民國38年政府進行金融改革，但經濟與金融體系仍不穩定，又民國39年四、五月間因南海舟山作戰略撤退，為穩定經濟，供應軍事上的需要，由省府於民國39年委託臺灣銀行發行《節約救國有獎儲蓄獎券》（圖1-13），總共發行三期，每張售價五元，頭獎獎金一萬元，沒有中獎者可於二至五年後贖回。當時一台斤蓬萊米售價僅七至八角，五元對一般百姓可說是一筆大錢，彩券的銷售情況並不理想，購買者以公務員與軍人居多。

以鑽石為獎的《鑽石救災獎券》

中國於民國三〇年代末期介入韓戰，緊接著又在民國四〇年代中期推出「三面紅旗」運動，至少有四千萬名中國人餓死，臺灣也基於政治上的需要，順勢推出具有政治任務的獎券。民國44年，中國大陸災胞救濟總會委託臺銀發行一紙獎品全是重量不等鑽石的《鑽石救災獎券》（圖1-14）。

獎券封面是一架運輸機空投糧食給中國災胞的漫畫，每張售價五元，這次給的不是獎金，而是亮晶晶的大鑽石。特獎為淨重十七點〇二克拉的鑽石，頭獎十四點九八克拉鑽石，二至七獎給獎鑽石大小不一，此為救助中國大陸災胞的救災獎券，從頭到尾只發售一次便沒再發行了。

《八七災區復興建設有獎儲蓄券》

民國48年臺灣中南部發生有史以來最嚴重的八七水災，政府為了幫助災民重建家園，於民國49年元月開始，委託臺銀發行為期一年的《八七災區復興建設有獎儲蓄券》

圖1—15：《八七水災復興建設有獎儲蓄券》
資料來源：賴重義編，《臺灣愛國獎券圖鑑》

（圖1-15），每期發行一百萬張，每張面值十元，特獎是四十萬元，共發行十二期，沒有得獎者可於十年後贖回。

該儲蓄券銷售情況頗為熱烈，不僅讓政府如期吸收了一億兩千萬元的民間游資，也籌得重建災區的資金，值得一提的是，該儲蓄券是所有獎券中唯一可自由買賣、向銀行質押借款，甚至還可作為公務保證的儲蓄券，真是一舉數得的儲蓄券啊！

救助大陸逃奔自由祖國難胞獎券

民國51年5月，因中共「大躍進」和「人民公社」運動對生產造成巨大破壞，加上一連串的天災，經濟出現嚴重困難，掀起集體逃奔香港的狂潮。

我國政府除將食米等救濟物資捐贈香港政府之外，對逃港難胞依其志願不計任何困難接運來台，分別予以就學、就業、就醫、就養。

由蔣宋美齡所創立的「中華婦女反共抗俄聯合會」（簡稱婦聯會）為號召各界同胞，響應群起援助，於同年8月1日發行救助大陸逃奔自由祖國難胞獎券，共印製七萬張，分別由婦聯總會及臺灣銀行銷售，共計售出六萬一千七百七十五張，得款六百餘萬元悉數移為大陸逃奔自由祖國難胞之救助費用。這張印有災胞呼天搶地、哀鴻遍野圖案的獎券，頭獎是宋美齡山水畫乙幅，並恭請蔣中正總統題字。

鼓勵兒童節約儲蓄繳存硬幣 —— 贈獎幸運券

民國六十二年以阿戰爭引發第一次石油危機，在通貨膨脹的壓力下，坊間謠傳硬幣比紙幣更能保值，一元硬幣遂被民眾搜括一空。為了解決硬幣荒，台銀與交通部郵政儲金匯業局在當年發行「鼓勵兒童節約儲蓄繳存硬幣贈獎幸運券」，希望兒童們把自己撲滿裡的一元硬幣拿出來，由於撲滿以豬隻造型居多，因此有人稱它為「殺豬運動」。

初期規劃是以臺灣地區省市縣各地的國中、小學生為限，透過郵政儲金匯業局設在各校的儲存單位辦理儲存。各校學生凡以一百枚（元）一元硬幣繳存學校郵儲單位

時，可獲贈幸運券一張，多繳多贈，而臺銀總行及各據點本身不發此幸運券，共發行三十萬張，自4月4日起至4月18日止，並於28日開獎。後來擴大幸運券的發行對象為各地中等學校學生及國小學童，原辦法規定以一元硬幣一百枚繳存者贈幸運券一張，新辦法不以一元硬幣為限，也可以五角硬幣配合一元硬幣繳存，每折合總數一百元即照贈幸運券一張，凡各校尚未設立郵政儲金單位者，儲存人可就近向郵局、臺灣銀行及臺北市區儲存巡迴服務車辦理儲存，幸運券發行有效期限延至4月30日，開獎日期則延至5月12日在臺北市舉行，頭獎是大同彩色電視一台。

因應十大建設的儲蓄券

另外，民國66年政府因應十大建設財政需要陸續發行《建國有獎儲蓄券》（圖1-16）、《儲蓄獎券》（圖1-17）、《國民儲蓄獎券》（圖1-18）等。這些獎券著實為國家建設提供財源，使臺灣的經濟建設更上一層樓，其貢獻可謂不小。

圖1—16：《建國有獎儲蓄券》
資料來源：賴重義編，《臺灣愛國獎券圖鑑》

圖1—17：《儲蓄獎券》
資料來源：賴重義編，《臺灣愛國獎券圖鑑》

圖1—18：《國民儲蓄獎券》
資料來源：賴重義編，《臺灣愛國獎券圖鑑》

促銷愛國獎券的《優待獎券》

　　買獎券送獎券，這是獎券商人別出心裁的招徠手段，愛國獎券發行以來，銷路始終保持暢旺，更有一部分會動腦筋的獎券商，為擴大推銷，別出心裁，利用幾週年紀念等名義，仿愛國獎券形式印贈《優待獎券》（圖1-19），與第一特獎號碼相同者贈送一百張獎券或縫衣機、腳踏車等招徠客人。

　　此種優待券的印製形式和愛國獎券相似，甚至標語也印上去了，只是發行單位與中獎內容不同。《優待獎券》也算是愛國獎券發行時特殊的副產品。這種依附在愛國獎券上而兌獎的方式，成為日後「大家樂」的最早雛形。最早是臺北萬華地區的獎券行為促銷愛國獎券的手段，後來中南部的彩券行的促銷花招更是百出，為達促銷目的，讓消費者自行選號兌獎。演變到後來以愛國獎券第八獎所開出的號碼為兌獎的依據，接受民眾的簽號，並正式名為「大家樂」，這便是大家樂賭博遊戲的由來。

另外，有一種是隨產品附贈的幸運彩券。台灣經濟在民國五十年代開始起飛後，當時的國產牙膏三大廠牌──黑人牙膏、司令牙膏、固齡玉牙膏，於民國五十二年間推出隨產品也會附贈的幸運彩券，獎品種類包括黃金、冷氣機與現金等，並在市場上掀起搶購的熱潮，成為現在商品對獎促銷的濫觴。

　　隨著時光的流逝，這些曾經出現在我們生活中的彩券，有如時光機帶領我們回到過去的歲月，往事歷歷如在眼前。

圖1─19：愛國獎券之《優待獎券》
資料來源：黃志毅編，《愛國獎券圖鑑》

夢想的通行證

愛國獎券的設計與繪製

2

愛國獎券是由台灣省政府委託台灣銀行的愛國獎券科負責發行，並且委託中央印製廠印製。

當時，一般政府發行的有價票券選用的圖案可分古典與現代兩大派系，古典派系的圖案，較多選擇偉人肖像、有價值的建築物。若是採用現代派系的圖案則以風景、新建築物等為主。有價票券一般皆委託印刷工廠，就需求而完成印製的工作。

愛國獎券的圖象設計起初類似紙鈔的形式，屬於古典派系的圖案。一直到第27期大致保持如此的樣式，第28期以後，加入現代派系的圖案，如：風景、新建築物之後，才越來越有變化，也更為生動了。但是，其設計形式仍與一般政府發行的有價票券類似，沒有自己的風格。

但自從282期起由於名家投入繪製工作，版面改為橫式，圖案題材也更加豐富，新的設計風格與新的題材內容，讓愛國獎券漸漸走出自己的特色，與紙幣的風格也較不相同了，使愛國獎券更具審美與收藏價值。

早期的設計風格類似「有價票券」

愛國獎券第一期的形式與民國30年1月間中央儲蓄會在重慶發行的特種有獎儲蓄券十分類似，初期採十聯式（圖2-1）；由右至左排列的直式鈔券式設計，連每「聯」亦與中央儲蓄券同樣稱「條」，十分相似，可見兩者有傳承的淵源。

另外，第2期以後雖然改成單張發行，但仍不脫離紙鈔的形式。281期之前的愛國獎券與在1949年至1954年期間，臺灣銀行臺北廠時期所印製之新臺幣（圖2-3、圖2-4），其樣式頗為類似。它們都是採用直式的版面設計，有精細的網底面當邊框，並設計數字或文字於四個角落上。它們都是臺灣銀行發行，印製廠也是相同，所以，製版方式也是類似的。紙鈔上出現發行的流水號，而愛國獎券上則出現對獎的號碼；而且當時的紙鈔設計形式通常都是一面是國父肖像，一面是臺灣銀行或是臺灣地圖的圖案，這點也影響到愛國獎券，最早的圖案便是以各地的風景建築物或大陸與臺灣地圖為圖象。我們從愛國獎券的設計樣式可以看到紙鈔的影子，所以，早期的愛國獎券圖象和政府的有價票券設計風格雷同，可說是如出一轍。

圖2—1：愛國獎券第 1 期與1941年
在重慶發行的中央儲蓄券之比照
資料來源：黃志毅，《愛國獎券圖鑑》

圖2—3：中央印刷廠臺北廠時期印製的新臺幣
資料來源：《中央印製廠六十年》

圖2—4：三重廠時期印製之金門地區券
資料來源：《中央印製廠六十年》

知名畫家的參與

　　早期發行的愛國獎券一直沒有脫離紙鈔的影子。但自從282期開始由梁又銘負責繪製，版面改為橫幅設計，以二十四孝故事為插圖，頗獲好評。之後，因為梁又銘年事漸高，而林幸雄在畫《十大建設連環畫》的時候獲得國軍金像獎，梁又銘欣賞他肯花時間考證，技巧也沒問題，於是，西元1971年推薦林幸雄參與繪製愛國獎券的圖象。

所以，愛國獎券的繪製者，除早期為委託中央印製廠設計外，第282期起便商請梁又銘、林幸雄等名家繪製。從此圖案題材更加豐富，新的設計風格與新的題材內容，讓愛國獎券漸漸走出自己的特色，更增加其審美價值，值得收藏。

梁又銘 —— 持畫筆以捍衛社稷

梁又銘之所以為愛國獎券畫插畫，說起來有一些淵源。當年他的友人任職於臺灣銀行，偶爾談到獎券插畫之事，由於獎券面值不高，且對完獎便丟棄，而且稿費不多，臺灣銀行有關單位不敢啟口請名家執筆。但梁又銘看法不同，他認為獎券每期發行數十萬張，購買人不分層次、行業，是社教的好媒體，欣然同意繪製。

1.重要畫歷

梁又銘早年隨二兄鼎銘習水彩、油畫、素描，而後終生以藝術教育為業，培養美術人才，貢獻十分卓越。1926年，他主編《革命畫報》，用筆名「光廊、賽翁」發表鋼筆畫與漫畫作品。1930年居南京陵園，任國民革命軍陣亡將士墓戰史畫助理畫師，協助其兄梁鼎銘繪《惠州戰跡圖》，後來又主編「中央畫刊」、「文華畫報」，鼓吹建國圖強運動。

1933年春天參加「一二八」戰役，其間傾力編繪《日本侵華畫史》及《日本侵略中國漫畫鳥瞰圖》。1936年到1947年間，他又繪成《空軍抗戰史》油畫（圖2-5）二十餘幅，描寫八年抗戰中重要史實。其水墨《抗戰速寫》（圖2-6），及《正氣歌圖》、《滿江紅圖》二百餘幅，以表現歷代民族正氣為主。

1950年與全國藝文界人士聯合發起「中國文藝協會」，1951年發起創立「中國美術協會」；同年，擔任政工幹校藝術系教授。1957至1969年，他先後應聘為中央日報社主筆、教育部美育委員、全國及臺灣地區歷屆美展委員、國立編譯館美術委員、

圖2—5：【九二四空戰】
作者：梁又銘，尺寸：270x180公分

圖2—6：【料羅灣運補】
作者：梁又銘，尺寸：90x60公分

新文藝運動輔導委員，赴澎湖、金門、馬祖及臺灣全島各地寫生作畫。其間完成了長篇連環漫畫「莫醫生」、「愛國女青年洪月嬌」、「孤兒小由」、「漢光武」及油畫「金門戰役」、「惠州之役」等革命史畫（圖2-7）。

持畫筆以捍衛社稷，以鋼筆畫、漫畫見長於世，再以國畫「吉羊」（圖2-8）與人物畫聞名於全球；一生以畫為志業，為歷史作見證而畫、為教育後輩而畫。

圖2—7：革命軍史蹟尺寸：72.5×102cm梁又銘籌劃製作一系列有關「八年抗戰」的鉅畫，他將戰爭的奮鬥與艱辛，均完整地記錄下來

圖2—8：吉羊圖尺寸：93x46cm，梁又銘以繪羊最富盛名

圖2—9：第282期的愛國獎券開始由直式改為橫式

2.繪製愛國獎券的特殊經驗──不計酬勞為愛國獎券作插畫

梁又銘對人物畫「成教化、助人倫」的功效相當肯定，也可知他深具儒家世界大同的思想，以及豐富的抗戰題材繪畫經驗。愛國獎券從第282期（圖2-9）開始，從直式改為橫式，就是以他所畫的二十四孝為故事背景，而且深得大家的喜愛。

也因此有往後的歷代歷史故事的圖象出現，這些故事包括上下五千年重要人物，四維八德的精神俱在其中，且兼顧其趣味性，為此梁又銘一套套史書、參考書購買所費不貲，然他卻自得其樂認為有機會逼自己多讀些書，所難者還要把故事濃縮成幾十個字，又不失原意，這比起他的專長畫「羊」費事多了。

就曾經發生有一次誤寫一字，竟然有人察覺寫信來糾正，他非常欣慰，一者獎券插畫確有人看，二者由此可更正本身錯處，他不會因為自己是名家遭批評而生氣。由此我們可以看見他虛懷若谷的胸襟，更敬佩他不計酬勞能為愛國獎券作插畫，也因此提高愛國獎券圖象的可看性與收藏價值。

林幸雄 ── 以畫筆見證臺灣的歷史

林幸雄參與繪製愛國獎券從1971年至1987年共達17年，他回憶起畫愛國獎券的那段日子，如數家珍，有許多特別的記憶。

1.重要畫歷

生於屏東東港的林幸雄，家中世代耕讀，自幼喜好塗鴉。之後考上臺大農業系，但因對書畫藝術的執著與興趣，加上幼年時期投筆從戎的志向，因此毅然決然放棄臺大，選擇政戰學校藝術系就讀，此一抉擇讓林幸雄步上軍旅生涯，二十年的軍旅生活增廣他的歷練，也為他的美術創作添注更豐富的內涵。

政戰美術系畢業後服務於聯勤經理生產處時，曾將政戰所學及軍旅所見所聞，以國畫筆法創作《十大建設》連環圖及描繪中央山脈宏偉山勢的《河山勝境》，分別獲得第十四、十五屆國軍文藝金像獎。之後，獲得梁又銘的賞識，於是由他接棒繪製愛國獎券。

此外，林幸雄在書畫藝術方面的創作十分豐富，深獲各界肯定與推崇。他除了繪製過愛國獎券、國軍同袍儲蓄券、中華民國奧運會旗、南海血書、拓漁臺灣史畫外，我

國於民國70年的奧運會會旗是以白底太極為圖騰，以及同年的世界女子足球大賽標誌，均是出自林幸雄所設計繪製。民國91年受漁業局委託甫完成「拓漁臺灣」史畫，及跨世紀大月曆，又為交通部郵政總局繪製民國94年發行的古典文學「三國演義」郵票（圖2-10）等。可見他服務軍旅，創作不曾歇息，以畫筆見證臺灣的歷史。近年來更成立「臺灣源俗文物教育館」，長期推展鄉土文化教育工作，不遺餘力。

2.繪製愛國獎券的特殊經驗－因畫愛國獎券被綁架三次

民國60年的時候，由於梁又銘年事漸高（66歲），林幸雄獲得梁又銘的賞識，認為他的作品筆鋒蒼勁，以書法入畫，又肯花時間考據，於是邀請他參與繪製愛國獎券。所以，林幸雄（圖2-11）從1971年10月便參與愛國獎券的插圖工作，一直到最後一期第1171期（1987年12月25日）。

林幸雄繪製愛國獎券的前一年，他已開始為軍中有獎儲蓄券畫插畫，主題是：中國近代革命史。像連環畫一期接一期，畫到1984年，革命史結束，他就不再畫儲蓄券了。他回憶有一次畫儲蓄券時，畫女童軍楊惠敏向死守四行倉庫的官兵獻國旗，在匆忙中將現代女童軍標記畫上去，儲蓄券印了一大半，才發現這個錯誤，連夜到救國團查資料，立即更正，真的是一點疏忽都不行。

同樣地，他在繪製愛國獎券時，也十分重視歷史的考據工作，包括歷代的服裝穿著，盡可能的符合故事中人物的時代樣式，這也是他認為下筆構思最困難之處；為求正確性，在正式印製前，他必須親自前往印製廠校稿，確定無誤之後，才能印製。他認為畫儲蓄券或獎券，先決條件是要對歷史很了解，考證工作很重要，畫風以寫實為主，一張圖案至少要畫兩三天。

畫插圖原本是一項幕後工作，沒想到民國七十四年、七十五年間，民間玩大家樂達到最高峰，不少大家樂迷四處求明牌，且幾近瘋狂，把林幸雄從幕後逼到幕前。有人竟然認為愛國獎券插圖中藏有明牌，想盡辦法追問，發行獎券的臺灣銀行意識到有人會對為獎券插畫的林幸雄有不利的舉動，還要求警方加強保護他的安全。

圖2—11：為畫愛國獎券被綁架三次的畫家林幸雄

有一次下班走出銀行，路邊停放一輛黑色轎車，一名陌生男子走過來，謊稱車上有朋友找他。林幸雄被強拉上車，雙眼被蒙住，他想喊叫，對方警告要他說出明牌，他說沒有，對方硬是不信。折騰一個多小時，已被綁到陽明山一處別墅內，雙手雙腳被綑綁，屋內有不少人，對方表明只要給明牌就放人，他一再解釋也沒用。第二天，對方還是做相同的要求，他擔心夜長夢多，為了早日脫離對方的控制，他答應畫「明牌」，隨意亂畫了九張圖畫，對方在第三天將他送回，讓找他三天的臺銀、家人及警方，終於鬆了一口氣。後來聽說九張圖中有幾張被樂迷猜出數字，還真的簽中大家樂，讓他啼笑皆非，從此警方更加注意他的安全。

第二次被綁架是在75年間，他騎機車到臺北羅斯福路找姊姊，在臺灣大學附近被人攔下，將他押往附近一棟房屋內，裡面有很多人在賭博，對方還是逼問他明牌。有了一次被綁架的經驗，他心裡也不害怕，隨便講了三組數字，三個小時後對方就放他走。說也奇怪，他所說的三組號碼也簽中二組。

第三次是在同年國慶日前夕，慶祝雙十節日，博愛特區其實有不少憲警人員，他開車經過台北南門，還是被人攔下來。對方拿出一把尖刀，將他拉到路旁，表明要明牌，「不說明牌，就刺破輪胎」。他只好亂掰一番才脫險。年底，日本靜岡市邀請他前往展覽，因他的名字「幸雄」很像日本名字，吸引不少日本人參觀。一名日本蒐藏家拿出一批在臺灣、大陸蒐購的畫作請他鑑賞，他發現其中兩幅竟是第一次遭到綁架時所畫的作品，詢問販售者身分，這名日本蒐藏家卻無法說出來。如今，這些往事已隨不再畫愛國獎券而遠去，卻成為他人生中的特殊回憶。

層層把關的主題審查

愛國獎券的繪製過程有一定的作業程序，而且是受到主管機關的監督。

由於愛國獎券是臺灣省政府委託臺灣銀行發行，從圖案主題的決定、次序的編排、樣張的校對、券面應具要件與顏色的審查、數量的決定，都有一定的作業程序。由臺灣銀行對愛國獎券的業務記載中可以看出其過程：

由本行訂定繪製獎券圖案主題範圍，編排各期獎券圖案次序，如遇國家慶典或節日，則依節日之主題另行設計圖案穿插發行。並依本行內部作業程序簽報審定。交由印製單位依據樣張校樣，並審查券面應具要件以及色彩後，決定印製數量，交由印製單位印製。

　　——林瑞麗、廖節惠、趙春美編，《臺灣銀行五十年》，頁421。

　　畫家林幸雄表示他當年在繪製愛國獎券時，必須先把一整年的圖象計劃先擬好製表，送到臺灣銀行審定，通過了才開始著手繪製；繪製好的稿件再送審，再通過後才能印製。負責發行的臺灣銀行，可以對愛國獎券的圖案作監督或更改。其中，他舉了第1109期（圖2-12）的例子，當初他送去給臺灣銀行挑選的兩張圖案，國旗都是飄揚的，但印出來的卻是端正的國旗，他表示主管當局認為飄動的國旗比較不莊重，喜歡四平八穩的國旗，所以，印製出來的圖象也就是符合監督者理想的方式，並且必須配合國家的政策推行。

圖2—12：愛國獎券第1109期圖中的國旗設計時為飄揚的，受審後改為端正的

版面形制與印刷

　　從第1到281期以前的愛國獎券採直式設計，自從梁又銘於282期開始採用橫式繪製後，對圖象的美觀有很大的助益，因為圖象在設計時可以有更自由的空間運用，促使愛國獎券的製作更為精美。其實愛國獎券的形制變化並不大，而且格式統一有助於收藏的方便，所以，往後的各期就一直保持橫式的設計形式，尺寸大小也幾乎維持一致。第1期的尺寸為7.7×11.9公分，第2期為6.9×12.4公分，其餘每期保持在6.9×11.6公分。第282至1171期則都為橫式設計，除第970至999期為9.7×5.8公分，第1000期為12.6×6.4公分，之後的各期大致保持在11.6×6.5公分。

　　根據林幸雄的說法，愛國獎券的原稿是製作於32開大小的道林紙上，原稿繪製與美工完成後才縮印成我們所見到的尺寸的愛國獎券；所以原稿是比印刷出來的成品還大一些。

　　愛國獎券發行之初，由中央印製廠臺北廠承接印刷的業務，印製愛國獎券所用的版材為大理石材質，在石材上製成印版，上刻有愛國獎券之圖樣，為平版印刷技術，

印版沿用漿糊紙轉拓方式製作。平版印刷其版面的印紋與非印紋部分無明顯的高低差別，而是利用水與油墨互相排斥的原理，印紋部分具有吸收油墨排斥水分的特性，而非印紋部分卻有吸收水分排斥油墨的性質，只要在版面上交替塗抹水和油墨，就可印刷。

另外，畫家林幸雄表示，他畫的愛國獎券原版都交由臺灣銀行保管，自己則收藏發行的獎券。愛國獎券的原稿，以及當年印刷獎券的石版，目前都被收藏保存在陽明山的「臺灣銀行史館」裡，可惜此館現在尚未對外開放。目前，國立科學工藝博物館也有收藏一塊1950年時臺灣銀行印刷所製造的愛國獎券石版。

防偽的特殊設計

愛國獎券印刷過程中採用多種防偽的方法，以正面套印網紋底色作為防偽。從第53期背面有一個重要的防偽措施（圖2-13），就是加蓋每期花色不一的騎縫章。領取獎金超過二千元以上者，兌獎必須等總行的存根聯寄到核明無誤後，再行核付。這是愛國獎券當時的防偽措施之一，也遏止不少作假的行為出現。第271期（圖2-14）以後的獎券又使用了特殊纖維的紙張，直到第521期。第522期（圖2-15）到最後一期，都使用壓滿鋼印和背騎縫章雙重防偽。

印刷技術原為單色印刷，自第7期後偶加雙色或三色印刷，315期以後到最後一期，皆為彩色印刷。從圖象上看出，315期之前的作品較為樸素典雅，315期之後的作品色彩較為亮麗鮮明，呈現出不同的時期有不同的作品風格（圖2-16）。

圖2—13：**背面防偽的騎縫章**

圖2—14：第271期的愛國獎券

圖2—15：第522期的愛國獎券

▲▲圖2—16：從第7期與第316期的愛國獎券比較出不同時期作品的不同品味

台灣水果版

第276期至第598期的愛國獎券圖案出現鳳梨、香蕉、葡萄等農產品，還有機械化的農業耕作，及採茶、捕魚、林業等主圖，呈現當時社會物產豐饒的一面。

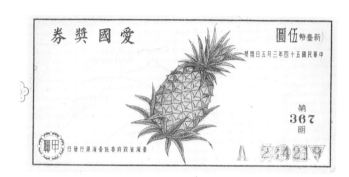

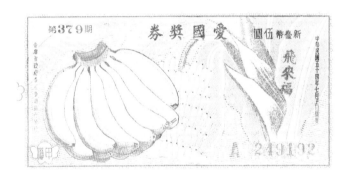

致富的密碼

版面的設計元素

3

愛國獎券的圖象可說是麻雀雖小五臟俱全，在這小小的版面上，它除了具有對獎的功能外，還有政令的宣傳以及視覺審美的功能。為達成上述的功能，版面上除了愛國獎券應備的要素外，還有政令宣傳的標語與主要圖案的說明文字，以及主要圖案、裝飾圖案、邊框和底面的設計，這些都成為具有特色的愛國獎券，在設計上不可或缺的重要設計元素（圖3-1）。

圖3—1：愛國獎券券面的設計元素介紹

券面上對獎應具的要素

　　愛國獎券屬對獎的彩券性質，為善盡其目的，券面上有些應具的要素，這些應具的要素包括：「愛國獎券」刊頭、開獎日期、發行單位、期號、對獎號碼、銷售金額、聯號等，這些文字或許有字體或大小的改變，但卻是愛國獎券每期應具的要素；可分為「獎券正面對獎的要素」和「獎券背面對獎的說明」。

(1)獎券正面對獎的要素

　　文字具有標示與說明的作用；而數字則提供對獎的重要依據。所以，於愛國獎券券面上，每期都會出現應具的數字與文字。

1.刊頭

　　愛國獎券的刊頭——「愛國獎券」四個字大部分都是橫式排列由右至左，如511（圖3-2）期，但也有為了版面編排設計的需要而成直式排列，如535（圖3-3）、557期，或是由右至左各兩字排列，如539、542（圖3-4）、547期。

圖3—2：橫式排列的「愛國獎券」刊頭

圖3—3：直式排列的「愛國獎券」刊頭

圖3—4：由右至左各兩字
排列的「愛國獎券」刊頭

2.發行單位

關於發行單位，在券面上從第1期至最後一期都會出現臺灣省政府委託臺灣銀行發行的字樣，以示愛國獎券是依據政府的指示而發行；直式排列與橫式排列均有（圖3-5、圖3-6）。

圖3—5：直式排列的發行單位

圖3—6：橫式排列的發行單位

3.期數

標示發行到第幾期，在券面上也是重要而且必備的數字，第90期之前的券面會以國字標出期數（圖3-7），第90-276期的愛國獎券則同時有國字與阿拉伯數字標出期數（圖3-8），第277期之後的則以阿拉伯數字標出期數（圖3-9）。

4.聯數

愛國獎券發行量若超過百萬張，即有七位數字，民眾會認為數字位數太多，中獎機率低而降低購買意願，所以在第315期以後，為因應日漸增加的發行量，券面都會出現聯數以作為識別；其聯數多寡不一，視發行量而增刪，是以天干甲乙丙等來作區分（圖3-10）。

5.獎券販售的金額

獎券販售的金額當然也是屬於應具的要件，才能讓購買者知道銷售的價格，杜絕如哄抬售價或欺瞞等行為，以免重蹈臺灣彩票的覆轍。

圖3—7：以國字標出期數的愛國獎券

圖3—8：以國字及阿拉伯數字標出期數的愛國獎券

圖3—9：以阿拉伯數字標出期數的愛國獎券

圖3—10：第315期以後開始採多聯式發售

6.開獎日期

　　早期並沒有標示出開獎日期，自第243期起就開始印製在券面上（圖3-11），並且成為愛國獎券版面設計上應具的要素，一直到最後一期，開獎日期都會在券面上出現，以方便買獎券的人知道何時可以對獎。

圖3—11：開獎日期自第243期起固定
出現於愛國獎券的券面上

圖3—12：號碼是六個0的愛國獎券
資料來源：黃志毅，《愛國獎券圖鑑》

7.對獎號碼

　　整個券面上在對獎時最重要的焦點，除了第1期是五位數字外，其餘的期數皆為六位數的號碼。在尚未改為同號多聯式獎券以前，為了有效利用六位數字，臺灣銀行印製一百萬張時，曾由000000開始編號，一直印到999999，在這種情況下，一百萬張獎券裡面會出現十張六位數完全相同的號碼，尤其是第一張，編號六個0的號碼，雖然

絕少中獎機會，卻是許多有心人珍藏的對象。這情形與收藏紙鈔的取向是類似的，收藏家每每喜愛物以稀為貴，越是獨特稀奇，越是成為收藏的對象，數字對他們説來是收藏價值高低的指標之一。如號碼六位數均相同（圖3-12），或是有連續順序的號碼，都屬珍貴難得，成為收藏家珍藏的最愛。

(2)獎券背面對獎的說明

　　愛國獎券的正面上，除了有文字、數字外，還有各式各樣的圖案。而其背面，則是發行辦法的文字説明與領獎人資料填寫的表格。

　　早先的直式愛國獎券背面，出現防偽的網底面當作邊框（圖3-13），以及臺灣省發行愛國獎券辦法摘要。臺灣省發行愛國獎券辦法摘要的內容有：發行數額、發行及代售辦法、給付獎金數額、開獎日期及辦法、給獎辦法。

　　後來改為橫式版面之後，其背面分為兩部分；一部分為領獎人的基本資料填寫欄，另一部分為兌獎須知（圖3-14）。領獎人必須填寫的基本資料有：得獎獎項，獎金、姓名、蓋章、住址、身分證字號、軍人補給證字號（第699期之前才有此欄位；無此欄時，增加一欄「兌獎行驗對國民身分證如發生困難時，得請領獎人出示戶口名簿」）等。而兌獎須知上有：發售辦法、獎金數額、開獎日期、領獎日期、附則等；這樣的格式一直延續到最後一期。格式與現在的統一發票的背面，其實是非常相似。

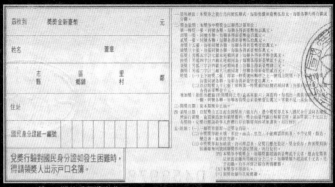

圖3─13：第5期愛國獎券的背面　　圖3─14：第400期的愛國獎券背面

宣傳和說明文字

　　除了固定出現於愛國獎券上針對每期開獎的識別數字與文字外，我們還可以在愛國獎券的券面上看到與對獎並沒有直接關連的文字，這些文字大致可分為二大類：第一類屬於國家宣傳的標語，例如反攻大陸、節約救國、努力儲蓄等政令或口號；另一類是針對主要圖案所做的說明文字，有時是標題式的主題文字，有的是故事的簡要說明。

1.國家宣傳標語

　　從36期起開始有反共標語或政令宣傳的口號出現券面上（圖3-15），最初這些標語剛好出現在四個截角處，而且都是四個字的標語，這種現象一直維持到第275期，後來雖仍有政府宣傳的標語，但鮮少出現於四個角落的，而是集中出現於某一側邊或券面的某處上。這些宣傳的標語，最多為四個字的口號，但到了後來，字數並不侷限只有四個字，也有八個字或其他不等的口號。

　　從這些標語口號中，便可知道當時政府推行的政策或著重的是何種議題。其與當時的時代氛圍息息相關，從中我們便可以嗅得當時社會的特殊氣息。

2.主要圖案的說明文字

　　主要圖案的說明文字，有時是對於圖案中政策宣導的輔助說明；或是，針對圖案的故事內容更深一層的介紹與說明。所謂圖案中政策宣導的輔助說明，就像圖案出現介紹國民生活規範時，在圖案的旁邊便出現一段敘述應該注意的規範之文字。

　　愛國獎券的券面並不大，同時又必須安排這麼多的應具元素，所以，針對主要圖案的文字標語的特色，就是簡潔有力。如介紹二十四孝的故事（圖3-16），用二十個字

圖3—15：愛國獎券上的宣傳標語

圖3—16：第288期為二十四孝的故事

圖3—17：第551期為國民生活規範 ——「樂」方面的宣導

圖3—18：第667期有歷史人物故事的說明

將故事大概描述出來；國民生活規範（圖3-17），大約利用二十個字左右，便將應注意的禮節說清楚；介紹歷代人物故事時（圖3-18），大約五十個字左右，便交代完一段故事的來龍去脈，讓人對故事起碼能夠有粗淺的瞭解。

主要圖案的種類

　　愛國獎券正面的圖案相當豐富，券面上主要的圖案，佔愛國獎券版面可說是最大，而且最重要的位置，是整個畫面的重心。愛國獎券主要的圖案運用的題材包羅萬

象，種類繁多。愛國獎券剛開始發行時運用平版印刷方式來印製，很像印鈔票的設計方式，以偉人肖像與有價值的建築物為主，後來由於印刷技術的發達，彩色印刷的技術不斷更新，慢慢地加入各種圖案。有風景、新建築物的圖案，後來更有各式各樣主題的圖案出現，增加了愛國獎券圖象的多元化與美觀，這也讓愛國獎券的圖象呈現新穎的風格。

後來，臺灣銀行為順利如期繪製出精美的愛國獎券，就固定的借調有繪畫專長的人士，專門負責繪製的工作。

愛國獎券的主要圖案繪製的方法，以繪畫與照相為主，圖案設計為輔。在繪畫方面，近代西方繪畫的技巧傳入中國，不論是梁又銘或是林幸雄，他們都有深厚的西畫基礎，同時又深深體會中國水墨畫的精髓。所以，愛國獎券繪製的圖象比例或立體感都相當正確而且美觀，同時又保有傳統繪畫的筆墨精神，尤其在人物畫中，更可以看出中西繪畫技法的融合，在強調西畫的明暗、立體透視外，還注重中國畫的線條使用，使愛國獎券具有傳統文化的特質。

在照相方面，照片確實為當時的景物留下最真實而寶貴的見證，對於當時社會文化或建設的重現，做了很大的貢獻。尤其一些建築物，在時間無情的侵蝕下，早已成為歷史的回憶了，從圖象的保存中我們卻仍然可見當時的風貌。

愛國獎券的主要圖案包羅萬象，題材包括：臺灣名勝古蹟、大陸名勝古蹟、臺灣重要機關與建築、節日慶典、故宮國寶、歷代人物故事、陸海空三軍、臺灣農林漁業、臺灣手工藝品、國民生活規範、四季花鳥、好人好事、鼓勵儲蓄、總統就職紀念、增額立委選舉、發行紀念、國家建設等，林林總總種類豐富。這些題材記錄了臺灣當時重要的政策發展與經濟建設情形，無形中留給我們瞭解當時社會的珍貴資料。

風景名勝與機關建築

愛國獎券早期承襲紙鈔的設計方式，紙鈔上常以建築物，如臺灣銀行，或是風景名勝為題材，所以，出現各地的風景名勝或建築是愛國獎券最早的主要圖案。而這類題材臺灣與大陸的名勝或建築都有，總共出現二百二十九期。

大陸風光中以塔、寺、樓、橋、陵、墓、天壇、長城等具有代表性以及紀念性的景點（圖3-19、圖3-20、圖3-21、圖3-22、圖3-23、圖3-24）。出現較多的省分有河北省，其次為廣東、江蘇、湖北、浙江、陝西等省（詳見附錄六）。

圖3—19：第153期萬里長城

圖3—20：第154期黃花崗

圖3—21：第232期頤和長廊

　　臺灣風光中以具有歷史紀念價值的城門、橋樑、忠烈祠（紀念塔）、寺廟以及各地的風景景點為主。各縣市出現次數的比例以臺北與臺南居多，顯示出臺北身為首都之重要，而臺南為古都，其名勝古蹟也較多（詳見附錄七）。

　　至於機關建築以臺灣為主，主要有政府機關、車站、博物館、運動場、醫院或大學等（圖3-25、圖3-26、圖3-27）、鵝鑾鼻燈塔，大部分均屬於公家機構為多，尤其中山堂最多（詳見附錄八）。

　　這些建築在當時是有名的名勝古蹟，現在這些建築有些已不復存在，圖象成了我們回憶的憑藉。

圖3—22：第271期貴州花溪

圖3—23：第226期武昌洪山塔

圖3—24：第161期西藏喇嘛寺

圖3—25：總統府

圖3—26：臺北火車站

圖3—27：延平郡王祠

節日慶典

　　節日慶祝的題材主要是配合節日的到來，而出現慶祝的圖案，可以提醒民眾這個節日的來臨以及其重要意義，這也是愛國獎券的特色之一，這類題材總共出現一百七十五期。這些節日有傳統節日如春節、元宵節、端午節（圖3-28）、中秋節（圖3-29，只有第297期出現唯一一次）外，還有政治性的節日，如元旦（圖3-30）、雙十節（圖3-31）、光復節、總統華誕、國父誕辰、行憲紀念日等，以及其他如兒童節（圖3-32）、勞動節、母親節、教師節（圖3-33）等（詳見附錄十）。

圖3—28：慶祝端午節

圖3—29：慶祝中秋節

圖3—30：慶祝元旦

圖3—31：慶祝國慶日

圖3—32：慶祝兒童節

圖3—33：慶祝教師節

從這些節日看來,元旦與國慶日等政治性節日的圖象出現次數最多,其次是春節與元宵節等傳統節日的圖象,其他節日的圖象則出現幾次就沒有再出現。

以節日慶祝的觀點來看,中國以農立國,向來都重視節日的慶祝。但是,我們可以很清楚發現當時和現在的差異;當時節日慶祝的重點是政治人物的誕辰或政治節日,例如:元旦開國紀念日、國慶日、光復節、總統誕辰、國父誕辰、行憲紀念日等,這些節日可說是為政治而紀念的節日。

到了解嚴以後,就很少慶祝政治人物的誕辰或是紀念日了,轉而著重在地方的產業與文化的節慶,諸如:臺南的「作十六歲」、臺中大甲的「媽祖文化節」、臺南縣白河的「蓮花節」……等等。由此可以看出不同的時空背景和社會文化,將有不同的節慶觀念詮釋。

歷代人物故事

　　以「歷代人物故事」為題材的圖象總共有四百四十八期，是所有愛國獎券圖象中出現次數最多的題材。愛國獎券以這類題材運用在設計上，一來因為有鮮豔色彩的人物故事圖畫，可達到視覺美觀的效果，二來也因為其中蘊含傳統義理的故事情節，可以作為教育大眾的素材。所以，愛國獎券既名為「愛國」，傳統教忠教孝的民間故事當然就成為圖象的最佳題材。尤其，這些故事藉由圖象來傳達，讓人更容易接受它的意涵，因為這些題材正可以激發大家對國家效忠的情懷，接受中國傳統的文化，因此凝聚成共同意識。

箭借人草 巡 張 （唐）
人為草縛巡，盡矢中城，陽雄守巡張其疑敵，下城縋夜，衣毳以被，餘千萬十箭得遂，之射爭，擊出城踰

圖3—34：草人借箭

仁行蛇埋 敖叔孫 （國戰）
即：曰母告哭，之埋而敢，蛇頭兩見時幼敖孫以，之埋而殺故，見再人他恐，死必者見國兩見，也死不必矣，之歸必天，者德陰死一

圖3—35：埋蛇行仁

　　繪者梁又銘、林幸雄根據史記、二十五史等史書的記載，精研考據，選出具有符合主管單位要求的圖樣，我們可以從圖象的標題與文字看出故事要傳達的精神，主要為忠孝仁義的儒教傳統文化（圖3-34）、（圖3-35）、（圖3-36）。其中每張圖案都描繪著一段值得效法推崇的歷史人物故事，並描繪出整個故事中最精彩的一幕，在繪製時，若非對故事有深入的瞭解，或仔細考據朝代的服飾與典故，以及對整個故事有所瞭解，必定無法將整個故事濃縮成如此精彩的畫面，可見繪者的用心。並且在愛國獎券的券面上，每個故事都有四個字的標題（詳見附錄十四），加上配合簡短的說明，就將整個故事的精髓躍然紙上，深

圖3—36：三十而立

具感動力，這也是它之所以大受歡迎的原因了。

歷代人物故事中所蘊含的忠孝節義、倫理親情已深化成中國文化中的一個重要部分。除了在愛國獎券以歷代人物故事為題材，發揚傳統儒家精神外，其實這些傳統忠孝節義故事題材也出現在文學以及廟宇、佛寺等建築彩繪或石雕上，甚至戲曲、說書等表演形式中大量地取用，成為民間多數的藝術形態中主要的題材。

故宮國寶

當年國民政府撤守臺灣，同時帶來大批的文物，在臺北外雙溪建築了故宮博物院，以收藏這批來自大陸的文物。於是每年都有來自世界各地的遊客，為了欣賞這些文物之美，來到臺北故宮參觀。藉由愛國獎券的印製發行，大家可見到故宮國寶，達到良好的宣傳效果。

第277期起（圖案為商代的青銅酒器作品），出現第一件故宮國寶的題材（圖3-37），之後就陸續出現以故宮收藏品為題材的圖案。其中包括陶瓷（圖3-38）、青銅（圖3-39）、玉器（圖3-40）、雕器、象牙與犀角雕等中國各朝代的藝術精品，美不勝收（詳見附錄九）。其中以陶瓷器為最多；但不見書畫之類的作品。

圖3—37：第一張出現國寶圖案的愛國獎券

圖3—38：青花靈芝瓶

圖3—39：康侯方鼎

圖3—40：白玉苦瓜

這些器物可說是歷代文物的精粹，在愛國獎券的圖象上有一段時期都是以這一系列的圖案呈現，前後共出現八十五期之多，可見決策單位對其喜愛與重視。

故宮國寶象徵著中華文化的精粹所在，凝聚了五千年文化的光輝傳統，再現此類圖象於愛國獎券上，具有深遠的意義與價值。

國民生活規範

其實，愛國獎券的題材也有相當生活化的，配合政府政策的實施，會將國家當時政令宣導的標語或口號運用在券面上，從這些標語或口號可以知道政府正在推動的政策，也可以知道社會的重要事件。這些規範的推行，除了在學校等教育單位列入教材教導外，愛國獎券的圖象當中也有一系列的國民生活禮儀須知的圖象，將國民在食衣住行育樂各方面應該遵守的禮節（圖3-41），圖文並茂，頗能讓人一目了然，有宣傳教化的作用，這些題材共有32期。

圖3—41：**衣方面應注意的國民生活須知**

國家經濟與重大建設之題材

圖象將國家重大建設成果的題材展現於券面上，可讓大家明瞭國家的建設與進步情形（圖3-42），一起分享經濟奇蹟的喜悅，這類的題材總共出現21次。在早期是以農林漁業（圖3-43）的發展為主題，逐漸地轉為工商業的重要建設，到後期有十大建設（圖3-44）的主題，顯現臺灣經濟發展與演變的軌跡，是臺灣經濟發展最好的見證。

圖3—42：**石門水庫**

圖3—43：今日農村 —— 機械化的耕作

圖3—44：以協和火力發電廠為主題的愛國獎券

中國三軍

這類題材主要呈現陸海空三軍的武裝實力，展現國家具有精良的戰鬥武器，足以保護臺海的安全，也表現當時對國防武力的重視。三軍出現的期號與次數，陸軍有三次（圖3-45）、海軍有五次、空軍有二次，共有十期。

圖3—45：以中國陸軍為主題的愛國獎券

臺灣手工藝品

　　在政府與民間重視鄉土文學與民俗文化之際，臺灣著名的手工藝品，也曾出現在愛國獎券上面，主題有彌勒佛的雕刻（圖3-46）、各類的鼓（圖3-47）、燈籠的彩繪（圖3-48）等。

圖3—46：彌勒佛的雕刻

圖3—47：臺灣手工藝品——鼓

圖3—48：鹿港國寶級藝師吳敦厚先生畫燈籠的情景

發行紀念

　　愛國獎券如遇到發行滿周年時，會在券面上特別標出發行第幾年的紀念，但是還會有其他的圖案主題。其中第240期（圖3-49）是發行十年紀念，還有是為發行滿百期而紀念，如300期（圖3-50）、400期（圖3-51）、500期（圖3-52）、600期（圖3-53）、1000期（圖3-54），總共六期有標出發行紀念的文字。

圖3—49：發行十年紀念

圖3—50：發行300期紀念

圖3—51：發行400期紀念

圖3—52：發行500期紀念

圖3—53：發行600期紀念

圖3—54：發行第1000期紀念

其他的圖案主題

愛國獎券出現的圖案主題還有四季花鳥（圖3-55）、好人好事（圖3-56）、鼓勵儲蓄（圖3-57）、國劇臉譜（圖3-58）、各項運動（圖3-59）、總統就職紀念（圖3-60）、增額立委選舉（圖3-61）、綠化環境（圖3-62）等題材，這些都充分透露著當時的社會訊息與時代氛圍。

從下表可看出題材種類的眾多與各類題材出現期數的多寡（表3-1）。

表3-1　愛國獎券其他題材出現的次數與期號

題　材	次　數	期　號
四季花鳥	6	364、394、436、445、474、502
好人好事	3	303、395、432
鼓勵儲蓄	3	562-564
國劇臉譜	3	1159、1160、1162
各項運動	3	1158、1161、1168
總統就職紀念	1	447
增額立委選舉	1	756
綠化環境	1	1059

圖3—55：花中君子

圖3—56：好人好事

圖3—57：鼓勵儲蓄

圖3—58：**國劇臉譜 —— 無雙臉**

圖3—59：**棒球運動**

圖3—60：**總統就職典禮**

圖3—61：**動員戡亂時期自由地區增額立法委員六十四年選舉**

圖3—62：推行綠化運動

純粹裝飾圖案

　　這類的題材所佔的比例也不少，共有五十七期。有時它並無特定的主題，只是將畫面用裝飾的圖案來美化版面，如第431期（圖3-63）；有時它雖有特定主題但還只是用裝飾的圖案來設計，或用文字來點明主題，如第391期（圖3-64）。而這些裝飾圖案包括：文字的設計、花卉或幾何圖形以及吉祥寓意的圖案。

圖3—63：第431期無特定的主題，只是將愛國獎券用圖案來裝飾版面

圖3—64：版面僅以文字設計的圖案來裝飾

裝飾圖案的種類

　　除了上述有主題性的圖案設計外，還有純粹為了美觀或填補券面上空間的裝飾圖案設計。這些裝飾圖案大致可以分為下列幾項：

花卉裝飾圖案

　　花卉圖案相當討喜，在繪畫上常被用來作裝飾圖案，如第339（圖3-65）、521期（圖3-66）上都出現各種花的圖案來裝飾畫面。

圖3—65：以蘭花卉圖案作裝飾的愛國獎券

圖3—66：以牡丹花圖案作裝飾的愛國獎券

中國傳統裝飾圖案

　　所謂中國傳統傳統裝飾圖案主要有：錦織式的圖案、雲紋、吉祥圖案與花藻的紋飾。中國傳統圖案的運用，在所有裝飾圖案中算是最常見的，不論主題是傳統人物故事或是現代題材，總喜歡運用中國的傳統圖案。如第764期（圖3-67）是歷代人物故事的主要圖形再配上中國傳統的裝飾圖案。第530期（圖3-68）是現代國民生活規範的主要圖象配上中國傳統的裝飾圖案。

圖3—67：第764期是歷代人物故事的主要圖形再配上中國傳統的裝飾圖案

圖3—68：第530期是現代國民生活規範的主要圖象配上中國傳統的裝飾圖案

圖3—69：**用巴洛可式的蕨葉圖案裝飾**

西方傳統裝飾圖案

　　除了中國傳統圖案，也有一些是運用西方傳統紋飾的，如第731期（圖3-69）期數和主要圖案間出現的巴洛可式的蕨葉圖案。

圖3—70：**有壽字當作裝飾圖案**

以文字為裝飾圖案

　　為配合發行時的節日，有時會設計放上一些特殊字體的文字當作裝飾圖案，如第300期（圖3-70）剛好遇上蔣中正總統的誕辰紀念日，於是便有以壽字設計當成裝飾圖案。

圖3—71：**有孫中山肖像的裝飾圖案**

以肖像為裝飾圖案

　　在所有愛國獎券中，以肖像作為圖案的僅有這一張，那就是第301期（圖3-71）的慶祝國父誕辰。發行的日子適逢國父誕辰，並且在左邊出現一圓形類似錢幣的孫中山肖像，以資紀念。

券面裡小區域的框　　　周圍邊界的框

圖3—72：**愛國獎券券面上的兩種框**

邊框的設計

　　為了區隔愛國獎券券面的各個元素，同時也為了突顯某些圖象，邊框的運用在設計愛國獎券上是十分重要且相當具特色的。邊框除了可以表現出框裡圖象的重要外，同時也有讓人目光集中於此的作用。券面上除了四周圍會有邊框外，為了突顯或美化個別的圖象時，便會使用較小的邊框來裝飾此文字或圖案（圖3-72）。所以，愛國獎券券面上有兩種框：一種是周圍邊界的框；一種是券面裡小區域的框。

圖3─73：單色的邊框

單色邊框

　　單色的邊框有兩類：以單一顏色或色帶作為邊框，標示出券面的範圍；例如第446期（圖3-73）、515期。或者作小區域的區隔，簡單地將主題突顯出來，例如第547期，將主要圖案以橘紅色的色帶與其它設計元素作區分。

　　單色邊框的運用會讓券面有簡單俐落的明確感，既達到區隔的效果又不會佔據太多的版面，是一種穩重單純的邊框設計方式，在愛國獎券圖象設計上，也常被使用。

中國紋飾的邊框

　　將運用在傳統建築、家具上的雲紋、壽字文、藻飾等花樣的中國傳統紋飾，加以變化組合成邊框裝飾。

　　當券面的四周運用中國傳統圖案來設計邊框，這種方式常有如裱褙的效果；如第364期，整個圖象就像一幅經過裱褙過的卷軸。另外，中國傳統的圖案也被用來當作券面區塊的邊，如第603期（圖3-74）的期數周圍就是用中國傳統的圖樣來當作邊。

運用中國紋飾的邊框，讓愛國獎券更具有中國傳統文化的風貌，增添一種古典優雅的視覺感受，是設計愛國獎券者最慣常使用的邊框紋飾。

圖3─74：運用中國紋飾的邊框

西方紋飾的邊框

西洋傳統紋飾，是指如巴洛可式誇張的蕨葉圖案、新藝術裝飾的曲線造型等等。從這類傳統紋飾的運用可以看出畫師們取材廣泛，亦受到西方藝術形態的影響。

如第401期的邊框（圖3-75），就是運用西方蕨葉的造型。或是第935期（圖3-76）的期數的邊，也是屬於西方傳統的造型。西方蕨葉紋飾的邊框給人一種華麗高貴的印象，為券面增添不少豐富而有活力的美感；這類的紋飾在紙鈔和愛國獎券上都常被運用。

圖3—75：**第401期的邊框運用西方蕨葉的造型**

圖3—76：**西方蕨葉紋飾的邊框**

花卉植物圖案的邊框

花卉植物的圖案是時常被援用的具象邊框，這些大自然中美麗的事物，往往是取材作為裝飾、襯托的最佳題材。如第370期（圖3-77a）的邊框是以花和葉的圖案作邊框。

圖3—77a：第370期的邊框是以花和葉的圖案作邊框

圖3—77b：花卉植物圖案的邊框

圖3—78：幾何圖形的邊框

另外，稻穗類的圖案也成為邊框的設計樣式，如第312期（圖3-77b）主要圖形的邊便是運用此類的樣式。

採用花卉植物圖案的邊框通常是用均衡或對稱的設計原理，只在角或邊上以花卉重點裝飾，而非如其他類型的邊框，都是均等布滿。所以，花卉植物圖案的邊框呈現出具有吸引力而有變化的裝飾效果。

幾何圖形的邊框

幾何設計的圖案運用，相較於過去傳統喜用具象徵意義的裝飾符號，此類幾何符號線條、圓形、方塊的組合，較具現代感。如第1059、1149期（圖3-78）的期數之裝飾邊，是屬於幾何圖形的運用。

中國傳統紋飾常帶有某種吉祥或富貴的寓意，幾何圖形的邊框則運用規律反覆的設計，它是屬於抽象的圖案，呈現出一種明快的現代感，也可以在愛國獎券發現不少此類的邊框。

綜合樣式的邊框

　　所謂綜合的邊框是指圖象有多個邊框，而其設計是在同一券面上，運用兩種以上的邊框，如第314期（圖3-79）的邊界有一個框，主要圖案「竹雕桐陰書屋籤筒」又另有一個框；或者是一個邊框使用多種樣式的組合，如第285期（圖3-80）的邊框，運用了蕨葉式與網底面的樣式，同時上下邊框又有幾何圖形的樣式，可說是這三種邊框樣式的綜合。

圖3—79：第314期的邊框為多樣式的綜合

圖3—80：第285期的邊框為多樣式的綜合

無邊框的版面設計

　　對於邊框設計的講究，使邊框成為愛國獎券圖象的特色之一，但是，也有版面並沒有明顯的邊界輪廓線，將主要圖案與其他設計的要素沒有間隔的呈現，使文字、圖案同時並置於券面上，並無特別將任一圖象作區隔或裝飾，也就是不利用任何的邊框

圖3—81：第447期並無邊框

來設計版面，只運用圖案或文字；
如447期（圖3-81）、584期（圖3-82）。
之中的圖案或文字；在功能上，能
調和傳達與裝飾效果，使各設計的
元素間巧妙的融合在一起；在形式
上，又獨具特色，融會了中西方美
術中的語彙，讓圖象更具審美的效
果，獨具特色。

底面的設計

　　底面雖然是當作背景或襯底之
用，但如果設計得好的背景，不但
可以讓整個畫面更為完整，也可以
讓主題更為明顯，使視覺效果更達
完美，實在不容忽視它在設計上的
效果。愛國獎券圖象上運用的底面
種類也不少，可歸納為：

圖3—82：584期不利用任何的邊框設計的版面

單色的底面

　　是指券面的底色只有單一的顏色，畫面顯得單純清爽而統一，讓主題更為突出，
如第457期（圖3-83）。

圖3—83：第457期為單一底色

多色的底面

　　有時會利用圖案作出分割畫面的效果，在不同的區塊有不同的底色，這種設計方式很常見於歷代人物故事系列中，如第905期（圖3-84）等。而第893期（圖3-85）的底面是利用藍白紅三色，象徵著青天白日滿地紅，也相當突出。

圖3—84：第905期的底有多種顏色

圖3—85：第893期藍白紅三色代表青天白日滿地紅

漸層的底面

　　為了增加底色的變化，有時在設計上會運用色彩漸層的效果。而漸層有用單色作變化的，也有用兩色以上的漸層效果，各具不同趣味。單色漸層如第387期（圖3-86）；多色漸層的效果如596期（圖3-87）。另外，第592期（圖3-88）波浪的漸層代表海浪來搭配主要圖案，是所有愛國獎券唯一用此樣式的底面，顯得非常特殊。

圖3—86：第387期單色漸層的底色

圖3—87：第596期雙色漸層的底色

圖3—88：第592期波浪漸層的底色

中國傳統圖案的底面

　　中國傳統的圖案常被用來當愛國獎券的底圖，有些像是錦織式的圖案，有些則是雲紋、吉祥圖案或是花藻的紋飾，反覆出現，造成一種數大與規律的美感。這樣除了增加券面的質感，也增添了幾許的傳統中國味，如第336（圖3-89）、458（圖3-90）、463期（圖3-91）。

圖3—89：第336期

圖3—90：第458期

圖3—91：第463期

主要圖案的延伸成底面

有些券面的設計並無邊框的區隔，而是將主要圖案佈滿整個券面，應具的文字與數字就直接安排在主要圖案的上面，如第1158（圖3-92）、1161（圖3-93）、1163期（圖3-94）。

圖3—92：第1158期

圖3—93：第1161期

圖3—94：第1163期

網底面

整個底面是用一些複雜而規律的線條重複排列，如第330（圖3-95）、338期（圖3-96）等。

圖3—95：第330期

圖3—96：第338期

波浪狀的底面

有些的底面是波浪狀的線條，如第 378（圖3-97）、379期（圖3-98），無形中增加了畫面的變化性，讓整個畫面看起來更富生氣。

圖3—97：第378期

圖3—98：第379期

文字紋的底面

中國的文字具有優美的造型，本身就可當成藝術作品來欣賞，所以也可見到把文字當成底面紋飾的例子，如第499期（圖3-99）的券面，便是由各種不同字體的壽字所組成，和主題恭祝總統華誕相互呼應，達成形式與內容融合的效果。

圖3—99：第499期

忠孝節義版

愛國獎券既名為「愛國」，傳統教忠教孝的歷史民間故事當然就成為圖象的最佳題材。同時忠孝節義事蹟也是我中華民族發揚傳統美德的具體表現。

歲月的容顏

圖象的時代意義

4

在愛國獎券漫長的37年發行中，圖象雖然種類繁多，但將其圖象內容依時間先後排列，大致可將其圖象分成四個階段，這四個階段分別為：第一階段為反共復國時期，第二階段為復興中華文化時期，第三階段為發揚儒家精神時期，以及第四階段為多元繁榮的社會時期。圖象依社會變遷的脈絡，而呈現出各種不同的面貌，具有濃厚的時代特殊意涵。

而且，瞭解愛國獎券圖象與社會的關係，確實有助於認識愛國獎券。如第394期出現鳥的圖案，或許有人會認為：「鳥與人類有密切之關係，也是人類精神上的友人……自古以來許多詩歌、繪畫、工藝美術，乃至童話、小說，均擇之為主題。」如果加入當時的社會背景，來看圖象則認為：「民國53年至54年間臺灣養鳥風靡一時，致富、虧損大有人在。一對十姊妹要價五百元，白文鳥一千元，金絲雀三千元以上，當時一般基層薪資約八百元上下。」認識當時的社會背景，我們更能理解在當時 ── 第394期（民國54年，圖4-1）為何會有「鳥」的題材出現。其實題材的出現是和當時的生活緊密結合，而且具有深切的意涵。

圖4-1：**愛國獎券第394期配合當時流行養鳥的風氣盛行以鳥為主題**

圖象的第一階段 ── 反共復國時期

愛國獎券第一階段的圖象內容是指，從1950年4月發行的第1期到1961年10月發行的第275期。這一階段的版面都是直式設計，題材內容大都以名勝古蹟為主題，標語都有共同的「反共」意識，所以稱為「反共復國時期」。

當時國民政府剛從大陸撤退來臺不久，處境危難，經費拮据。一方面想要反攻大陸，一方面又得面對現實，生活在臺灣。愛國獎券第一階段的圖象將當時執政者以臺灣為復興基地，積極反攻大陸的用心表露無遺。

承襲紙鈔的設計風格

第一階段的愛國獎券製作方式承襲紙鈔的設計風格；第1至27期券面上並無主要圖案出現，只有單純的應具要素，如刊頭、期數、發行單位、面額、對獎號碼等，以精緻的邊框來裝飾這些要素。自第28期以後，才開始有偉人肖像、版圖、風景或建築物的圖案。而自第36期（圖4-2）起，愛國獎券上面開始有標語的出現，內容大都是「反共抗俄」與「還我河山」之類的詞句。

1.主要圖案以名勝古蹟為主

第一階段的主要圖案除了第1至27期並無主要圖案外，圖案的題材有大陸版圖、名勝古蹟與節日慶祝等主題，其中以名勝古蹟的題材居多。

第28期至275期的圖案內容以臺灣與大陸的名勝古蹟為主題，而且臺灣的名勝古蹟出現的次數要比大陸的名勝古蹟出現的次數多達2倍多（表4-1）。

表4-1　第一階段圖案的題材與出現次數表（按照出現時間的先後）

圖案題材	大陸版圖	臺灣名勝古蹟	大陸名勝古蹟	節日慶祝
出現次數	6	167	69	3

資料來源：劉葦卿整理，2003.11.3

愛國獎券最早有圖案出現的是第28期（圖4-3），且一直到第33期都同樣是這個圖案，只是套印的顏色有所不同；圖案的背景是「大陸版圖」圖案上則是一群代表著士農工商的人物，舉手揮舞表示支持，並有一位國軍拿著國旗，呈現從臺灣要奔向大陸的姿態。

第二個出現的圖案為第34期到第39期的「總統府」（圖4-4），這是個別具歷史意義的大廈，建於1912年，當時臺灣為日本的殖民地，所以是為日治時代的總督府所在。光復後重加修繕，成為我們的「總統府」，並且為慶祝蔣公六十壽誕，在1946年10月14日改名為「介壽館」。

其後出現的是臺灣地方特色之名勝古蹟，如第40期臺南的「赤崁樓」、第48期臺中的「臺中公園」、第50期臺北的「臺北中山橋」、第66期花蓮的蘇花公路……等等。接著第128期起大陸的名勝古蹟也陸續登場，如第134期「北平天壇」、第152期「萬里長城」……等等。這些名勝古蹟是具有代表性的地方指標、當地的有名建築，或是具有歷史特色的古蹟，其圖案保存了當時名勝古蹟的面貌。起初這些名勝古蹟並沒有標示出名稱，而從148期起才開始有名稱標示於圖象上。

圖4-5：第一個節日慶祝的圖象為慶祝蔣公華誕的圖案

除了上述提到的圖案外，還有慶祝節日的圖案；這些節日包括傳統節日與政治的紀念節日。第一個節日慶祝的圖象（圖4-5）是從156期（1956年）開始，這個圖象便是慶祝蔣公華誕的圖案，往後持續每年在接近這個日子（10月31日）的時候，也都會出現慶祝蔣公華誕的圖案，直到蔣公1975年逝世為止。

2.文字以反共救國為主

剛開始時，愛國獎券券面上並無標語出現，但是從第36期起，版面才開始有標語的出現。

(1)第36至147期以光復大陸為主

最初的第36至147期有「反共抗俄」、「節約救國」、「愛國致富」、「打回大陸」、「重整河山」、「節約增產」、「復興中華」、「解救同胞」、「反共復國」、「消滅共匪」、「光復大陸」等都是四個字的標語，剛好分別出現於券面的四個角落，可見光復大陸是此時期最主要的目標。

(2)第148期至275期逐漸重視經濟建設

148期至275期的標語有「發揚正義」、「維護自由」、「平均地權」、「確保金馬」、「重整道德」、「獎忠勸孝」、「國家至上」、「厲行節約」、「萬壽無疆」、「還我河山」、「驅逐俄寇」，這段期間重複著出現這些標語。我們看到，政府除了一心想回大陸，也逐漸落實在臺灣內部的建設方面。並且，教育民眾不忘獎忠勸孝，重整道德之類的事。

重回1950-1961年的臺灣現場

1950年國民政府從大陸撤退來臺，一百多萬軍民跟隨來臺，在短時間移入臺灣的大陸人，儼然成為一大族群，國民黨政府的各機關要職，以他們為主導，位居要津。另外，1951年通過《反共抗俄戰士授田條例》，1956年正式實施；1952年成立中國青

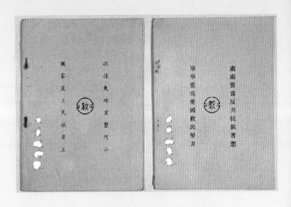

圖4-6：國民學校課本上的反共抗俄標語
資料來源：《臺灣史料研究》第12期

圖4-7：喜帖上的反共抗俄標語
資料來源：《臺灣史料研究》第12期

年反共救國團。當時政府極力安撫這批來臺的外省人，讓他們能在臺灣住下來，臺灣對他們而言是陌生的地方，卻也是他們反共復國的基地。

在國際情勢方面，因1950年代的韓戰和1960年代的越戰相繼爆發，臺灣在地緣上成為圍堵共產勢力擴張的一環，並被置入以美國為主的自由陣營保護傘之下，臺灣得以在外援及農工轉型中發展經濟，而國內政局也在威權體制及美軍協助下，呈現穩定平和的景象。

另一方面，國民政府也積極在臺灣進行經濟建設與政治的紮根工作，如於1951年實施公地的放領，和舉辦首屆的縣市長選舉；1953年開始推動五期又兩年的四年經濟建設計畫、開始實施耕者有其田政策；1954年西部縱貫公路通車、1958年石門大壩開基典禮；1960年由退伍軍人、部分工兵和原住民共同興建，費時三年十個月的中橫全線通車，象徵臺灣建設時代的來臨。

而在社會上，為鼓勵節約勤儉的社會風氣，1955年省府訂定厲行戰時生活節約要點，規定送禮不得超過二十元，宴會禁用女侍陪酒，祝壽需年逾60歲。於1956年時，政府開始推行「說國語運動」，規定各級機關、學校、及各種公共場所一律使用國語，教育部更規定嚴格禁止以日語和方言教學、批改作業，並禁用西元年號，各級學校凡舉行各種集會、口頭報告，必須使用國語。臺灣省政府教育廳也下令全面禁用臺灣話，過去在大陸通用的北京話成為唯一的教學語言，以彰顯民族精神教育；這是四、五〇年代，臺灣在國民政府執政下的社會狀況。

反映反共抗俄的時代氛圍

　　愛國獎券第一個圖象為「大陸版圖」，其後才是臺灣名勝古蹟的圖案大量被印製。愛國獎券上出現的是大陸圖案，顯示當時的國民政府還是無法接受大陸失陷的事實，和一心想要反攻大陸的心情，這是當初國民政府播遷來臺，勵精圖治，渴望光復大陸，重整河山的最佳寫照。

　　但是，以當時的政治情勢與現實環境並不容易達成此願望；於是，將臺灣作為復興基地，介紹臺灣的美麗風景與古蹟建築，給跟隨政府來臺的這批臺灣新住民，反攻大陸的信心和期待。此外，國民黨政府和中共對峙的時候，相互詆毀或醜化對方，並不允許互相往來，更加深了臺灣與「中國」複雜而矛盾的歷史情結。所以，介紹大陸景色的次數反而沒有介紹臺灣的次數多，而且是逐漸減少到幾乎不見，這些情形反映在愛國獎券的圖象上。

　　「反共抗俄」是這個時期特殊的時代氛圍，而且幾乎是無所不在、無所不能，包括電影票根、學生課本、香煙盒、藥包、喜帖、月曆、玩具上……，到處都可以看到反共的標語。甚至在當時流行於民間的布袋戲與歌仔戲，也留下深刻的痕跡；與日治時代表演藝術的皇民化現象類似。當時布袋戲中，還曾經出現過傳統戲偶身穿綠色軍裝，佩帶槍枝的情形。而此時期的歌仔戲中，也可發現這樣時空錯亂的例子；演的雖然是傳統戲碼，例如大家熟悉的愛國人士岳飛、文天祥，但卻在劇中出現共匪為漢奸，並要光復神州等對白與劇情，可見反共抗俄意識形態之深入民間生活，幾乎無所不在。

　　在文字上，愛國獎券上的標語口號，更直接說明反共抗俄的社會環境，從第36期以後，在這一階段的愛國獎券上都可以發現這類的標語口號，成為早期的愛國獎券特殊的標記。

　　另外，從慶祝蔣公華誕的圖象來看，它是愛國獎券最早出現的節日慶祝圖象，可以看到蔣中正高高在上，且被奉為「民族的救星」，具有濃厚個人色彩英雄主義。歌功頌德是五〇年代臺灣的書報中的一大特色；小學課本中蔣介石小時候看魚的神話，是成長於臺灣四〇、五〇年代的民眾記憶中的童年。而在蔣介石逝世之前，每年他的生日來臨時，愛國獎券都會出現萬壽無疆之類的祝壽圖象。再則，在圖象中的文字標語，也常出現「擁護領袖」之類的詞句，連買獎券也不忘擁護他─領袖。

　　以上都是愛國獎券圖象所傳遞的重要訊息，反映出當時社會的現象。

圖象的第二階段 ── 復興中華文化時期

　　第二階段的圖象內容是指1961年至1971年發行的第276期至第598期的愛國獎券。之所以稱這階段為復興中華文化時期，是因為當1966年毛澤東在大陸發動「文化大革命」後，1967年國民政府便在臺灣成立「中華文化復興運動推行委員會」，進行一連串的復興中華文化運動。同樣的，在愛國獎券的圖象上，也反映出這次復興文化運動的歷史片段。

豐富的設計題材

這一階段的愛國獎券圖案種類很多，不像早期幾乎清一色都是臺灣或大陸的「名勝古蹟」，愛國獎券所有出現的主題，在這一階段都先後交錯出現過。而且，標語也出現從反共口號轉變為落實經濟建設與文藝革新精神。

1.主要圖案以故宮國寶與節日慶典為主

這一時期的圖案種類很多，我們從此階段各種圖案出現的次數表（表4-2）來看，其中，以故宮國寶與節日慶典的圖案最多。

表4-2　第二階段276期至598期圖案主題與出現次數表（依出現次數多寡排列）

種　類	共發行的次數
故宮國寶	73
節日慶典	71
臺灣的名勝古蹟	38
國民生活規範	32
歷代人物故事（包括二十四孝故事）	30
臺灣重要機關與建築	19
中國三軍	10
臺灣農林漁業	8
四季花鳥	6
臺灣手工藝品	3

資料來源：劉葦卿整理，2003.11.3

圖4-8：第281期為明代的「雕漆錐把牡丹花瓶」

在第二階段的圖象內容中，故宮國寶出現的比例最多。從第277期開始出現，第一件為商代的青銅酒器作品（第277期）。第二件為明代的「雕漆錐把牡丹花瓶」（第281期，圖4-8）。之後陸續都有以故宮收藏的寶物為主題的圖案出現。其中包括中國各朝代的藝術精品，有陶瓷器三十二件、青銅器二十一件、玉器十一件、雕器四件、象牙與犀角雕各一件。

另外，比較有特色的主題除了故宮收藏外，就是節日慶典的固定出現，以節日為圖案的相當多。出現的節日有春節、元宵節、兒童節、勞動節、軍人節、教師節、雙十節、光復節、總統華誕、國父誕辰、防空節、行憲紀念日。其中春節、元宵節、端午節，是屬於中國人傳統的節日，而元旦、雙十節、光復節、總統華誕、國父誕辰、行憲紀念日，都是跟國家或政治有關的。這些與國家政治有關的節日，在

圖4-9：第320期國立臺灣科學教育館

圖4-10：第337期中國文化大學

圖4-11：第351期臺灣省政府中興醫院

當時都被盛大慶祝；不僅放假、家家戶戶插國旗，還要遊行。

　　第二階段的圖案還繼續出現「臺灣的名勝古蹟」的圖案，不再出現「大陸的名勝古蹟」的圖案了。另外「臺灣的機關與建築」、「陸海空三軍」、「臺灣的農林漁業」、「臺灣的手工藝品」都是這階段曾經出現的圖案。當中「臺灣的機關與建築」介紹有名的政府機關建築，圖案有第320期國立臺灣科學教育館（圖4-9）、第337期中國文化大學（圖4-10）、第336期石門水庫、第342期國立清華大學、第351期臺灣省政府中興醫院（圖4-11）、第405期省議會會館（圖4-12）等圖案。「陸海空三軍」展現武器的精良、戰技的卓絕等。「臺灣農林漁業」圖案出現鳳梨、香蕉、葡萄等農產品，還有機械化的農業耕作，及採茶、捕魚、林業等主圖，呈現當時社會物產豐饒的一面。「臺灣的手工藝」這屬於「民俗」技藝的題材也躍登愛國獎券的版面，它介紹的是彌勒佛的雕刻與各類「鼓」的主圖；「四季花鳥」出現的則是松、竹、梅、菊、牡丹等圖案。

圖4-12：第405期省議會會館

這階段的圖象內容還有從518至558期一系列介紹國民生活的規範（圖4-13），教導國民在食、衣、住、行、育、樂各方面如何遵守禮儀，以符合所謂「現代化」的好國民。這是將愛國獎券大眾文化的特性善加利用，也表現出政府政令宣導的無所不在。

圖4-13：第523期介紹國民生活規範

圖4-14：第296期主題為「滌親溺器」

另外，梁又銘於282至309期以二十四孝故事為圖案的題材（圖4-14），深獲大家的喜愛，引起大眾收藏的興趣，得到很好的迴響。愛國獎券收藏者張進坤即表示，他收集整套愛國獎券的熱情，全都來自愛國獎券上二十四孝圖象。之後還有第307期《臥薪嘗膽》、第309期《擇鄰教子》、第311期《刺股力學》、第313期《張良納履》、第315期《精忠報國》、第319期主題為「持節牧羊」（圖4-15）、第439期《琴瑟合奏》等七期，都是以「歷代人

圖4-15：第319期主題為「持節牧羊」

物故事」為主題的圖案，獲得好評。

2.文字從反共防諜到經濟發展

此階段的標語可分為前期、中期與後期（表4-3）。標語的內容大致有：反共抗俄、保密防諜、建國富國、革新精神等四類的標語。

表4-3　第二階段的三個時期標語類型出現次數表

分　期	反共抗俄的類型	保密防諜的類型	建國富國的類型	革新精神的類型
前期	13	11	14	11
中期	0	0	0	35
後期	0	0	3	0

資料來源：劉蕙卿整理，2005.4.12

前期（276至357期）出現的標語有反共抗俄、保密防諜、建國富國、革新精神等類的標語，這些標語互相交錯出現，表示主動出擊的「光復大陸」的口號，已逐漸被保守防衛的「保密防諜」所取代。另外，從前期的標語我們也可以看到，「增產報國」、「革新精神」等國家政策的重點口號出現在愛國獎券圖象上，顯現政府已努力落實於臺灣建設。

中期（518至558期）主題為國民生活規範，標語出現一系列宣導人民在食衣住行育樂方面的行為準則，明白列出人民什麼應該遵守，而那些是不能做的行為規範。

至於後期（559至598期）只出現三期的標語；如562期的「踴躍參加儲蓄加速經濟發展」、563期的「人人節約家家儲蓄」、564期的「全家儲蓄可享美滿生活」。可以發

現出現的標語口號漸漸減少，而且都是跟節約或儲蓄有關，政治的口號似乎已不像之前的喧騰，大家著眼於現實，努力儲蓄厚植國家經濟力量成為當時的目標。

重回1961－1971年的臺灣現場

1960年代中期以後，臺灣經濟由農業轉型成輕工業，經濟政策則是以貿易出口為導向，促成臺灣經濟高度成長，國民所得也年年增高。由於當時藉著美援的支柱，經濟獲得穩定成長，國民政府在反共無法有所進展的時候，轉而經營臺灣。並且積極推動文藝革新運動，提出「國民生活規範」，以提升國民生活的素質。1967年推行中華文化復興運動，成立中華文化復興運動推行委員會，以表明與1966年大陸進行的文化大革命相抗衡。

但是在外交上，1960年國際奧委會決定中華民國必須以「臺灣」名義參加世界運動比賽看來，蔣政權並沒有獲得國際的認同。1969年美國政府企圖聯中制俄，從此臺灣在國際間更被孤立。尤其1971年聯合國表決接受「中華人民共和國」取代「中華民國」的席位，讓臺灣的國際地位一落千丈。但也因此讓國民政府轉而向內尋求支持，努力建設臺灣。

中華傳統文化的宣傳與發明

從愛國獎券的圖象中，可以看見中國「傳統」文化不斷的被利用與發明。其中包括名勝古蹟、故宮收藏的國寶、各種政治性的節日慶祝、歷代人物故事的再現，還有國劇臉譜的介紹。這些傳統文化的再現，未必都能永續長存，但是，透過國家有意的宣揚，它便再度浮現在我們的生活當中，意圖成為生活中重要的一部分。雖然新傳統由舊傳統轉化而來，但與舊傳統並不是一脈相承，很可能是為了達成某些因素，而再出現於當今的社會。這些論述，我們從愛國獎券的圖象可以找到鮮明的例子。

自從國民政府播遷來臺，我們在政治立場上便和中共誓不兩立，並且在文化上以正統自居。尤其1966年，當大陸進行文化大革命，次年國民政府便積極推行「中華文化復興運動」。

以此階段出現最多的圖象題材為故宮國寶來看，以當時的國際情勢，國際間普遍不承認中華民國的存在的情況下，擁有這批寶物，讓國民政府感到值得誇耀，以它為愛國獎券的圖象是最佳的「愛國」表現了。

北京故宮博物院原為明清皇宮，其所收藏的寶物，之前是滿清皇室的私人收藏，到了1924年遜帝溥儀出宮，國民政府接管所有收藏，這些私人收藏，一夕之間變成國家公有的寶物。並於1925年為博物院，公開展示宮中所藏文物寶器。1931年起，日本入侵、內戰頻仍，故宮寶物幾經遷徙，幾無寧日。至徐蚌會戰後疏散至臺灣，始在臺

北外雙溪建立臺北故宮博物院，遷移來臺後，現在不僅為國家的寶物，更成為國民政府代表中華傳統文化正統的宣示品。每年有大批來自世界各地的海外人士，來到故宮參觀所收藏的中華寶物，所以此階段的圖象出現一系列的故宮國寶圖案，深獲喜愛。

從這階段的愛國獎券圖象內容，也清楚看到一些社會發展的轉變。圖案出現臺灣的經濟與建設的現實關懷，提倡大家遵守國民生活規範，並且積極提升國民的生活素質；口號從反攻大陸、保密防諜，轉而注重國民的生活規範與經濟建設。愛國獎券圖象反映出當時社會推動的文化復興運動，與對經濟建設的重視。

圖象的第三階段 —— 發揚儒家精神時期

第三階段的圖象內容是指1971到1985年所發行的愛國獎券（599至1107期）。因一連串的外交挫折，國民政府除繼續推行中華文化復興運動，於是更變本加厲地，以儒家為中心思想，編印中國文化基本教材。新聞局也開始淨化電視節目，減少方言節目。

在這一階段愛國獎券圖象上，只出現兩種題材，一種是歷代人物故事的題材，另一種則是節日慶祝的題材。這些人物故事無非是符合儒家思想，教忠教孝，強調人倫與五常的關係。

愛國獎券圖象出現的歷代人物故事，正是政府大力推行的儒家傳統文化，故稱此階段為發揚儒家思想時期。

圖象題材統一

這階段的圖象具有統一的特色，除了配合節日的到來而有節日慶祝圖象外，題材清一色都是以「歷代人物故事」的圖案為主，文字也都以與圖案有關的標題和簡要說明為主。

1.主要圖案以歷代人物故事為主

從第599至1107期的愛國獎券，以歷代人物故事為主。「節日慶祝」的圖案有八十九期，其他如「核子防護」、「古代神龍」、「增額立委選舉」、「推行綠化運動」的圖案也只各出現一期，這階段幾乎都是以「歷代人物故事」為主題的圖案。（表4-4）

表4-4　第三階段圖象內容種類與出現次數表

圖案種類	歷代人物故事	節日慶典	其 他
出現次數	416	89	4

資料來源：劉葦卿整理，2003.11.5

圖4-16：第646期「泣杖孝親」描繪漢人韓伯俞的故事

由於第二階段圖象內容出現的「二十四孝故事」圖案頗受歡迎，主管單位希望繪製一系列符合忠孝節義精神的「歷代人物故事」的圖案（圖4-16）。選材從中國歷代的傳統故事，來源含左傳、烈女傳、世說新語、二十五史，甚至搜神記、地方誌，都是取材對象。而其內容大都是教忠教孝，符合倫理五常觀念的故事，可以說是傳統儒家精神的具體化。

「節慶」圖象的種類最多的雖是第二階段，但也有少數的節日圖象是到了第三階段才開始出現，如第615期、831期出現的「一二三自由日」（圖4-17）；第601期的慶祝「軍人節」（圖4-18）；第602期的慶祝「體育節」（圖4-19）。值得注意的是，在之前出現過的節日慶典，第三階段以後還持續出現的節日只有「元旦」、「春節」、「元宵節」、「雙十節」、「光復節」、「總統華誕」等。從中，我們可以看到這些都是偏重政治性的節日。

圖4-17：第615期「一二三自由日」

圖4-18：第601期慶祝「軍人節」

圖4-19：第602期的慶祝「體育節」

2.文字以歷代人物故事的故事說明為主

以「歷代人物故事」為主題之後的愛國獎券，便不再出現所謂的標語口號了。但是會出現針對故事的四個字標題、朝代、故事主角的名字，還有大約五十字左右的故事簡介，簡潔地陳述故事的情節，與故事中人物表現的傳統文化精神。

值得一提的是，當愛國獎券停止發售後，鑒於愛國獎券「歷代人物故事」圖象上僅有簡短的介紹故事大意，臺灣省政府新聞處於1986年5月，印行《忠孝節義》一書，由作者周雨詩以更詳細的文字，敘述這些出現在愛國獎券圖象上的歷代人物故事，讓人們更深入認識故事的全貌。省新處還以優良文藝作品贊助出版，免費分贈各級學校及公私機構，但因發行數量有限，向隅者多，作者周雨詩認為此等歷史上忠孝節義事蹟，雖經過時代變遷，仍然流傳不衰，這不僅是世人重視他（她）們的節操，也是我中華民族發揚傳統美德的具體表現，所以還重新彙編《愛國獎券圖案故事探原》一書，將原來《忠孝節義》一書中的六十四篇故事增加為一百篇故事，以彌補供應不足之憾。說明這些歷代人物故事於弘揚固有倫理道德、敦品勵志、振奮人心諸方面，頗有助益，並且受到重視。

由此可見，此階段的文字雖然沒有直接的口號或標語，但故事的主題無非要人見賢思齊，仿效其忠孝節義的精神，在潛移默化中，使人們接受中華文化的倫理價值觀。

重回1971－1985年的臺灣現場

1970年代起，世界局勢多變，自由及共產兩大陣營的逐漸和解，導致美國採取「聯中制俄」的戰略，使得臺灣在國際地位上，成為各友邦陸續斷交的對象。從1971年退出聯合國到1978年的中美斷交，其間接踵而至的打擊，更使臺灣在經濟發展上雖然擁有傲人的成就，但在政治地位卻面臨迷失自我、飽受風霜的困境。國際局勢的轉變，加上「一個中國」、「漢賊不兩立」的外交政策，使得臺灣的身分、地位，在國際社會中日益低落，也突顯偏安臺灣、反攻無望的國民政府，宣稱代表中國正統合法

性為自說自話。

　　政府在政治上的節節挫敗，於是，只能在文化上與中共爭正統。1967年推行文化復興運動，以孔孟道統的繼承人自居，儒學頓時被奉為詮釋執政者作為的聖經，這是當時社會普遍的現象。1975年並將國歌、國父及蔣公遺囑譯成白話文，發送各學校作為中國文化基本教材。政府積極要復興中華文化並推崇儒家傳統思想，和1977年知識界出現的「鄉土文學」論戰，形成強烈的對比。

　　雖然此階段的外交是受挫的，但是國內經濟建設卻積極展開，1970年蔣經國的美國行促成他推動現代化十大建設，為臺灣的各項基礎建設奠下根基。1973-1975年雖遇上第一次石油危機，當時的經濟部長孫運璿呼籲民眾自動節約能源。1974年省主席謝東閔推動「客廳即工廠」，使臺灣成為重要的代工地區，並增加了每個家庭的經濟收入。十大建設中的南北高速公路，於1978年全線通車；同年並積極規劃十二項建設，陸續展開各項建設。所以，外在的挫折與危機，反而讓臺灣內部更團結，在經濟上尋求出路，完成了建設臺灣的具體成果。

藉儒家鼓吹愛國精神

　　從人類文化學的角度來看，儒家是一個很特殊的生命形態，它貫穿於整個中國社會的各個階層。以儒學在臺灣的發展而言，明、清之際，雖以強勢文化的地位滲透於臺灣社會，但在日治時期，則淪為弱勢文化，受到大和民族之強勢文化的壓抑；就像大陸的舊學一樣，遭遇新文化猛烈的衝擊。

　　而戰後國民政府統治時期，儒學在臺灣的存在形式包括：正式和非正式的教育途徑。儒學在戰後臺灣的正式教育途徑中，主要存在於中小學教科書之中，並決定了儒學和國家意識形態之間的密切關係。儒學在戰後臺灣的非正式教育途徑中，主要存在於各種民間信仰、民間講學、儒學社團中，儒學基本上是一種強化「中國文化認同」的學術思想或文化思潮。國民政府藉由儒家與政治結合的目的，除了說明孫中山、蔣中正是承續了孔孟五千年中國的正統，與強化中國文化的認同外，也希望透過傳統的發明與利用，讓人自然而然接受儒家的價值觀與行為規範，發揮為國盡忠的精神。

　　配合國民政府推行的中華文化復興運動，與儒家精神的發揚，愛國獎券出現一系列的歷代人物故事圖象，這些故事都符合傳統儒家精神。其特色為「君臣有義、父子有親、夫婦有別、朋友有信、長幼有序」等標準的儒家精神。

　　愛國獎券出現「歷代人物故事」圖象的時間，正是我們政府面臨國際形勢孤立，與政治政策發生變動的時機。這些「歷代人物故事」傳達傳統文化的典型，教化人民對國家效忠盡義的倫理規範。尤其，故事中重視群體取代個體，一切忠孝為國的精神，正符合先總統蔣中正呼籲全民「以國家興亡為己任，置個人死生於度外」的精神。

而此階段出現的題材除了節日慶祝外,清一色都是歷代人物故事。反映出政府希望藉中華傳統儒家文化,推行文化復興運動,以維持國民政府政權與法統繼承的正當性。儒家精神的發揚在當時是普遍的政策,這現象也在愛國獎券圖象上呈現出來。但是,當時社會上,如火如荼在進行的「鄉土文學」論戰,似乎不是愛國獎券關注的焦點,因為不見類似的題材出現於圖象上。可見圖象的題材是配合國家的文藝政策,且需符合國家政策推行的方向,一些民間風起雲湧的思想或論述,並沒有出現於圖象上。

圖象的第四階段 ── 社會多元繁榮時期

1985到1987年發行的愛國獎券（第1108-1171期）,為第四階段的圖象內容。之前的重大經濟建設,到了這個階段都陸續完成,經濟突飛猛進,人民享受先前努力的成果。也由於經濟的改革成功,中產階級增加,帶動了政治上的改革。於是,社會呈現欣欣向榮的景象,許多過去禁止的法規也開始鬆綁,使我們的社會逐步走向多元進步的道路。

這階段的愛國獎券圖象呈現的題材頗能反映出社會的多元化,關心的題材也是多元的,並且在文字上顯現繁榮進步的社會描述。當然也出現一些社會轉型的亂象,包括攀附愛國獎券的「大家樂」賭風。

愛國獎券第四階段圖象開始出現一些民間的藝術活動,反映出政治開放後的多元化,也反映出經濟建設帶來的繁榮景象,故稱此階段為多元繁榮的社會時期。最後愛國獎券也因應時代潮流的改變,結束其長達三十七年的發行。

圖象呈現經濟建設的成果

愛國獎券第三階段的「歷代人物故事」的圖象持續了十四年,終於在第1108期換了新面目（圖4-20）。雖然只有兩年多的時間,但是題材的種類卻是豐富多樣,不過大致可以看出是以呈現當時國家建設與社會文化生活為主題。在文字部分,通常會加上「壯麗的」、「進步中的」這些形容詞,反映當時在經濟穩定的基礎下,繁榮進步的社會。

1.呈現多元化的設計風格

從1108期到1171期（最後一期）,圖案種類不少,有國家的十大建設成果、臺灣各地的名勝古蹟、故宮重寶、國劇臉譜、各項運動、節日慶祝,

圖4-20：換了新面目的第1108期

而最後一期是介紹灰雁（表4-5）。

表4-5　第四階段圖象種類與出現次數表

圖案種類	國家建設	節日慶祝	故宮重寶	臺灣重要機關與建築	各項運動	臺灣名勝古蹟	國劇臉譜	四季花鳥	民族雜要
出現次數	14	13	13	8	6	4	4	2	1

資料來源：劉葦卿整理，2003.11.9

圖4-21：建國南北高架道（第1112期）

圖4-22：大林火力發電廠（第1149期）

圖4-23：第三核能發電廠（第1153期）

圖4-24：第1138期的故宮國寶 —— 翠玉白菜色彩鮮豔多樣

　　愛國獎券於1108期陸續將十大建設的成果展現於圖案上，「國家建設」在此一階段佔有很大的比例，包括廣建國宅（第1108期）、建國南北高架道（第1112期，圖4-21）、中船高雄總廠（第1113期）、中國鋼鐵公司（第1111期）、各火力發電廠（第1149、1152期，圖4-22）、第三核能發電廠（圖4-23）、中油桃園煉油廠（第1115期）、高雄港貨櫃運輸（第1119期）、曾文水庫（第1128期）、石門水庫（第1116期）、台中縣石岡水壩（第1118期）、施工中的翡翠水庫（第1120期）等。

　　另外，我們從愛國獎券這跨越三十幾年的圖案中可以發現，有些題材如「名勝古蹟」以及「故宮國寶」，在第一、二階段的圖象內容就常出現，但隨著時間的演進，愛國獎券第四階段的圖象色彩，較第一、二階段同一主題的圖象色彩更為鮮豔多樣，表現出不同時期所利用的印刷技術的差異，而呈現出不同的時代風貌（圖4-24）。

圖4-25：**第1158期以泛舟表現團隊精神**

這階段也介紹六期的各類運動，分別為：第1158期「團隊精神」表現泛舟的圖案（圖4-25）、第1161期的「凌空遨翔」介紹滑翔翼的運動、第1163期「棒球運動」、第1164期「自行車運動」、第1165期「籃球運動」，這些都是當時新興或正在流行的運動項目。

這一階段也出現四期介紹「國劇臉譜」的圖象（第1157、1159、1160、1162期等），繪有臉譜特寫和劇中角色的身段（圖4-26）。所謂「節日慶祝」到第四期持續出現的主圖只有元旦、春節、元宵節、國慶日、光復節。至於此時期的臺灣建築圖案有「國父紀念館」（第1124期，圖4-27）、「中正紀念堂」（第1125期，圖4-28）、「國家音樂廳」（第1170期，圖4-29）、「國家戲劇院」（第1169期，圖4-30）、「陽明山中山樓」（第1129期，圖4-31）等建築。「民族雜耍」（第1123期，圖4-32）的圖案則是呈現舞獅的場景。

圖4-26：**第1157期介紹國劇臉譜**

圖4-27：**「國父紀念館」**

圖4-28：**「中正紀念堂」**

圖4-29：**「國家音樂廳」**

圖4-30：「國家戲劇院」

圖4-31：「陽明山中山樓」

圖4-32：「民族雜耍」

圖4-33：第1155期西洋卡多利亞蘭花

　　而這時期出現的花卉是令人眼睛為之一亮的第1155期西洋卡多利亞蘭花（圖4-33），已非傳統繪畫中的四君子——梅蘭竹菊。最後一期（第1171期）的灰雁圖案的出現（圖4-34），更是令人覺得耳目一新，因為第1171期的圖象題材與之前的比較起來，算是風格較特別的圖象。愛國獎券發行至此，戛然而止，在兩隻目光沒有交集的灰雁圖案上劃下句點。

圖4-34：第1171期為愛國獎券的最後一期

2.文字顯現社會的繁榮進步

　　1108至1171期幾乎沒有所謂的標語或口號，只有配合圖案的標題，但不是每期都有標題。

　　1108期出現「廣建國宅安定居民」，和1132期「繁榮進步中的花蓮」的標題（圖4-35）。在這裡我們看到的是，國家在臺灣建設的成果，顯現出安居樂業，繁榮進步的欣欣向榮景象。1156期接近母親節的時候，版面出現「遊子吟」的詩文（圖4-36）。介紹「國劇臉譜」的圖象以文字敘述此類型臉譜的個性、畫法特徵，還有所代表的劇中角色。1171期則是簡述灰雁的種類與特徵；而其他期數並沒有特別的文字說明。

圖4-35：第1132期「繁榮進步中的花蓮」

圖4-36：第1156期「遊子吟」的詩文

重回1985－1987年的臺灣現場

　　臺灣各項經濟建設於此大致奠下基礎，當時被譽為經濟奇蹟，大家享受著經濟建設帶來的繁榮成果。

臺灣經過經濟的轉型成功，中產階級增加，造成一股推動改革的力量。1984年7月19日立法院通過勞動基準法；勞工的基本生存權、工作權終於得到最起碼的保障。1984年12月29日「臺灣原住民族權利促進會」正式成立；原住民運動以組織化的型態就此展開。1986年9月28日，「黨外中央後援會」於臺北圓山飯店召開候選人推薦會中，正式成立「民主進步黨」；國民黨主席蔣經國在中常會中提到時代在變、環境在變，潮流也在變，為因應這些變遷，執政黨必須以新的觀念，新的作法，在民主憲政的基礎上，推動革新措施。1987年7月14日，蔣經國總統宣布解除長達三十八年的戒嚴。同年，通過開放國人大陸探親與解除報禁等規定，於是，臺灣結束威權統治的時代。

這短短兩年內，開放了許多維持將近四十年的政治禁忌，再加上經濟一連串的改革成功，造就了許多中產階級以及暴發戶。社會出現了前所未有的欣欣向榮景象，同時也出現了一些社會脫序的現象。大家在一片經濟蓬勃發展的氣氛中，都夢想要一夕致富，強烈的慾望超越金錢累積的速度，再加上政治的鬆綁，繁榮背後的頹廢與亂象也同時上演，這是轉型中社會兩個極端的現象。

見證社會的改革與進步

早期愛國獎券的發行，著實讓政府增加不少收入，對國家的財政作出貢獻。同樣地，愛國獎券圖象也為當時社會生活作見證。就在愛國獎券發行的那段時期，臺灣從農業社會轉型成工商業社會，國家努力的方向也從反攻大陸，落實到建設臺灣，並且在經濟方面交出一張亮麗的成績單，使臺灣享受富裕經濟帶來的進步與繁榮，政府並努力提升國民的生活品質，這些現象都鮮明的呈現在愛國獎券圖象上。

愛國獎券在最後這兩年所呈現的是建設的成果，各項運動表現的活力，與文藝生活的陶冶。和前面階段的愛國獎券圖象相較，不僅告別了反共抗俄的情結，更以積極開放的心胸來看待生活，包容各種不同的聲音，開始接納多元的文化，注重生活的品質與休閒生活，推廣各項運動與文化建設；愛國獎券圖象呈現出社會改革與進步的面貌。

在經濟掛帥與一片民主化的八〇年代，臺灣社會文化的發展呈現兩種極為顯著的特質，一是泛政治化與社會運動的訴求，一是休閒文化事業多元化與大眾消費時代的來臨。在這階段（1985-1987）的圖象，可以看到國家幾項經濟建設的成果，包括重要道路的建設、石化工業的設置以及各大水庫的景色，處處呈現臺灣基礎建設的完成，同時也蓄積社會改革的勢力。

另外，也可以發現人民的經濟條件好轉之後，進而注重生活品質；有各式各樣的休閒運動場所，也有國家級的音樂廳、戲劇院以及各地成立的文化中心，提供人們休閒生活的多元選擇。從圖象上，我們也可以發現，這一階段所關注的藝術文化，也不再僅限於束之高閣的故宮國寶文物，也將視野關注到民間的傳統藝術，如燈籠的製作與舞龍舞獅之民俗藝陣等，這一趨勢頗能反映當時的時代潮流。

將國家重大建設成果的題材展現於券面上，可讓大家明瞭國家的建設與進步情形，一起分享經濟奇蹟的喜悅，是臺灣經濟發展最好的見證。

泛起的漣漪

發行愛國獎券對社會的影響

5

愛國獎券是臺灣最完整,而且是最具特色的公營彩券。發行愛國獎券對臺灣近代社會各方面均有深刻的影響,不但在政治、經濟、文學、生活,乃至於宗教與傳統戲曲上都有相當大的影響。

當經濟繁榮發展後,造成許多人的價值觀念改變,人們失去原本刻苦耐勞的務實精神。尤其八〇年代以後獎金成長幅度更是趕不上民間財富的快速累積,總覺得自己買獎券的錢,有太大一部分用在「愛國」。人人都想一夕致富,於是就自己組成小團體玩起「大家樂」。由於大家樂的賭風盛行,牽連到愛國獎券,被認為是始作俑者,使其存廢問題成為討論的焦點。

最後,隨著社會開放的急速腳步,臺灣於1987年解除戒嚴的律法,結束其威權時代。當時,政府為了抑止「大家樂」的歪風,也於同年的12月底宣布停止發售愛國獎券,結束其長達三十七年「愛國」的歷史任務,從此愛國獎券只有在大家的記憶中出現。

增加國家建設經費的來源

愛國獎券的發行,可以算是省府一項解決財政問題的傑作。探究1950年的臺灣,適逢大亂剛過,人民對政府的信心受到相當程度的打擊,這樣的不安,表現在人民對新臺幣的不信任感上。因此,政府對於當時的外匯、黃金都曾有相當嚴格的管制,以免於1949年嚴重的通貨膨脹再度發生。以許多落後國家發行獎券的例子來看,獎券雖然面額不高,但是卻對人民有相當大的吸引力,藉由獎券的賣出,使得人民樂於用貨幣進行物品(獎券)的交換,等於是在每一期的獎券發行當中,讓許多貨幣重新回到政府手中。當初國民政府以國家的名義,委託臺灣銀行發行愛國獎券,把它當成是國家的收入之一,是有其實際上的需求。而愛國獎券的發行對經濟果然奏效,提供國家建設經費的來源,具有深遠的貢獻。

根據林瑞麗、廖節惠、趙春美合編的《臺灣銀行五十年》所寫的,按照愛國獎券發行的規定,收入的分配方法主要包括了:

獎金支出百分之四十五,批售折扣百分之十,發行手續費百分之五,繳庫盈餘佔百分之四十。而其中發行盈餘,除每年提撥臺北市政府新台幣三千萬元,高雄市政府一千萬元外,餘均臺灣銀行於開獎後十日內解繳省庫。從上述獎券盈餘的分配方法來看,大部分的獎金都用於政府的開支之中。

自1950年4月開始發行到1987年暫停發售，愛國獎券總共為政府增加了三百多億新台幣的收入。

許人們一個發財的美夢

臺灣銀行為因應擴大推銷獎券，且使失業青年與貧寒學生獲得生活費用及學費起見，從第五期起招請這些失業青年與貧寒學生為基本推銷員，不限年齡與性別，每期起碼推銷一百張，給佣金百分之五，若推銷五百張者給佣金百分之十。推銷人員規定以臂章為標誌，住戶街坊、餐廳、劇場、車站等各處為推銷地點。

不容否認，愛國獎券除了增加國家財政的收入，讓臺灣建設得以實現外，並且讓從事愛國獎券販賣的業者，那些多半是殘障與低收入戶的民眾，無形中增加了許多弱勢族群的就業機會。

當愛國獎券正在發行的時候，每到了開獎之後，究竟獎落誰家，誰中了第一特獎，或是第一特獎的獎券在哪裡售出，往往都是報紙媒體追逐的焦點。許多報紙上常見到一些購買愛國獎券的宣傳口號，無論是「發財不忘愛國，愛國可以發財」，或是「本省同胞光輝鄉里，外省人士衣錦還鄉」的途徑之一。

而以下這段真實故事是筆者在做田調過程時，與朋友閒聊中，得知她的父親竟曾是第一特獎的幸運得主。這段往事發生在民國75年間一個天色昏暗的傍晚，滂沱大雨傾瀉而下，在台南縣六甲鄉烏山頭水庫附近的一間摩托車店，聚集著一群朋友一起泡茶聊天。這時一位賣愛國獎券的老婆婆，挨家挨戶兜售愛國獎券，表示她只剩下四張愛國獎券（本來同號共有十張），拜託大家買她的獎券。筆者朋友的父親不忍看她在大雨中推銷，於是跟朋友分別向她買了這四張獎券。其中，有位家裡開中藥店的賴老師（國中的歷史老師）買了兩張，其餘筆者朋友父親和另一個友人又各買一張。

朋友父親只是單純想幫助這位老婆婆得以早點回家，不必再冒雨做生意，並沒想到要中獎，買了獎券隨手將它塞在斗笠裡。但筆者的朋友後來看父親斗笠裡的獎券被雨淋濕了，便把它隨手丟到垃圾桶裡。直到那位也買獎券的賴老師來告訴他們中了第一特獎了，朋友才急忙從垃圾中找出來這張中獎的獎券，一看他們的是B聯，跟人家中獎的A聯是不一樣的，還以為自己沒中獎，一直不敢相信這一切會是真的，事後大家都很低調，深怕被別人知道中獎的事實。一百萬的獎金扣除二十萬的稅金還有八十萬。這筆獎金讓他們買了地，又蓋了目前住的這間房子，對他們來說這是一筆安家立業的財富，意義非凡。

沒想到這麼幸運的事竟真實地發生在認識的人身上，更沒想到宛如神話故事的情節竟在現實中重演，令人不禁懷疑那位賣獎券的老婆婆，會不會就是神話故事中試煉人性的神仙啊！

擁有一張愛國獎券，就等於擁有一個發財夢想；有了夢想，就有迎接未來的希望，就有面對挑戰的勇氣。在那個不確定的年代，物資匱乏的生活，艱辛奮鬥的環境，它的發行對人民而言是多麼大的激勵啊！

成為文藝創作的題材與靈感

隨著愛國獎券的發行，在當時的文藝作品視「中了愛國獎券」、「中了第一特獎」為一種意外之財的代名詞，有些小品文紛紛以愛國獎券為題，述說自己期待中獎的心情，正如由聶華苓所著的短篇小說《愛國獎券》。故事原寫於1959年前後，但初稿已經散失，後來到了1979年才以原來的骨架重新寫成，並成為第一篇在中國大陸受到引介的臺灣文學。

除了聶華苓的短篇小說外，另外，報上也常有許多以此題的小文章，其中有的是訴說期待得獎的心情與計畫；有的是懊悔自己與第一特獎擦身而過；有的是中了第一特獎，結果只不過是南柯一夢。

文藝創作之中，尚有漫畫家以愛國獎券做為創作的靈感。舉例而言，劉興欽所繪的《阿三哥大嬸婆遊寶島》中，故事一開始，便是以主角大嬸婆賣愛國獎券作為開場。

另外，為了宣傳愛國獎券，當時甚至還作了一首獎券歌：

獎券啊賣獎券
先生緊來買太太緊來買
愛國獎券好機會每月開獎有兩回
獎券啊賣獎券

甚至在桃園縣中壢市遠東唱片行還曾經發行「愛國獎券歌」，歌曲中以男女對唱的形式，並且用傳統樂器二弦、揚琴、鑼等伴奏。唱片中一對夫妻在對唱想中獎的心聲，丈夫覺得如果中獎一定可以解決所有生計問題，沒有問妻子就自己跑去買了愛國獎券，但是老婆卻擔心丈夫會因為中愛國獎券而跑去花天酒地，心中充滿矛盾的情結。演唱者是客家採茶戲出身的藝人，唱的是流行於當時的「客家採茶大戲」內的「平板」唱腔，旋律進行以五聲音階為主，男女互相對唱，唱出小市民想以愛國獎券發財的夢想。

還有一首由陳達儒作詞，鳳鳴作曲的臺語歌，叫「獎券若著你敢知」，由男女對唱，歌詞充滿趣味性，也充分顯現出臺灣人對中獎美夢的期待。

由此可見，愛國獎券是融入我們的生活中，成為人們共同的話題，也成為文藝創作的題材；它的影響確實深廣。

造成社會不良的賭風

　　以現在的觀點來看，當時愛國獎券的面額並不算太高，不過以1950年擔任教師一個月僅僅260元的薪水而言，確實算是不小的數目。因此，為了中獎，許多人開始採用集資合買的方式，以期能藉此一起完成發財大夢。為了避免到時真正中獎而彼此互不相讓，集資的人還會正式地簽署一份合同，免得中獎後有糾紛。

　　除此之外，亦有因借錢購券，後來中獎而起的糾紛：

　　幸運的人不一定是幸福的，第六期愛國獎券中第一特獎的省立彰化工職職員丁柱，因為買這張獎券的錢不是他自己的，故借錢給他的該校訓導主任張志仁要與他平分獎金。為此兩人兇狠地打了一架，現在都被關在警察局。

── 《中央日報》1950年3月24日第八版刊登〈中了特獎入了警局〉

　　可見中了特獎，卻「因福得禍」者亦有之。

　　除了購券的方式與糾紛外，尚有為了中獎，刻意塗改獎券號碼，藉以企圖詐領獎金的事實發生。1951年1月31日開獎的第18期愛國獎券，領獎時卻出現兩位宣稱中了第一特獎的民眾前來兌換獎金，為求審慎，警方與臺灣銀行兩方面便開始著手進行調查。起初臺灣銀行方面認為是印製廠商的問題，後來經過鑑定，原來是其中一位購買者經塗改而變造第一特獎券，全案宣告偵破，偽造者亦遭到起訴處分。由此觀之，民眾企圖獲獎的心情，確實竭盡所能。

　　獎券造成的急功好利觀念，不僅滿足了人性不勞而獲的投機心理，而過程的刺激甚至可以滿足生理興奮的需求，以及強調控制與權力的慾望感。臺灣經濟發展雖然蔚為奇蹟，但是從另一角度來看奇蹟，往往是一種異象，由於發展速度太快，遂「造就許多暴發戶，加上該等暴發戶所累積財富，多又不擇手段所獲得，於是形成國人存有僥倖心理，以弄到很多的錢，才可以表現出其本領之大」。投機加上僥倖，社會陷入一種期待立刻發財的風氣，而能夠立刻發財的方式，除了中獎，就是賭博。在以往只能藉獎券發財的時代，胃口最多也是第一特獎，但是，當愛國獎券變相開賭蔚為風氣之後，另一種賭局「大家樂」也應運而生，造成了許多社會的亂象，對社會的安定產生了很大的影響。

　　愛國獎券的立意雖好，但畢竟牽涉到人性中好賭所連帶出來的弱點，除了它發行時造成一些人想中獎，引發糾紛或有想不勞而獲的心理，造成不良的社會風氣外，也因為社會經濟背景的改變，愛國獎券的獎金不足以餵飽當時希求發財人民的胃口，轉而流行一種更瘋狂的金錢遊戲 ──「大家樂」的產生。愛國獎券因此結束其歷史的任務，停止發行。

愛國獎券的終結者 ── 「大家樂」

「大家樂」的前身，是稱為「第八獎」的民間簽賭遊戲，從「00」到「99」的號碼中自由選號，然後拿來對愛國獎券第八獎的中獎號碼。所有的簽賭金由組頭抽一成之後，其餘的就由對中的人平分。

原來買愛國獎券的人，現在一經發現有大家樂可玩，就轉而買大家樂。原因很簡單，買愛國獎券的中獎機會小，獎額分散，而買大家樂的中獎率較高，獎額集中，更加刺激，更易滿足賭徒要求。那個時代，愛國獎券每月開獎三次，有些人嫌愛國獎券中獎機率不高。

臺灣錢淹腳目─資金過剩助長流行

民國75年成形的「大家樂」崛起背景，是因為臺灣80年代資本市場嚴重脫序失控。長年外貿暢旺出口、嚴格的外匯管制、刻意低估新臺幣匯價的政策，幾股經濟力量造成了臺灣資金供過於求，在國內市場到處亂竄，找不著出口、出路。

過多資金，太少可以投資的標的，在都會區造成了「全民股市」的現象，股票市場在湧入大量資金的情況下，短時間內快速飆向12000點。至於在「股市熱」還沒有感染到的鄉間，「大家樂」就成為最普遍的金錢遊戲焦點。

「大家樂」具有快速重新分配財富的基本作用。深入鄉間，簽賭過程沒有任何複雜手續，具備高度鄉里社區親和性，而且簽賭管道迅速沿著舊有的親族人脈關係紛紛建立，於是任何聽到別人一夜致富的故事，而對「大家樂」產生興趣的人，幾乎都毫無困難地立刻獲得自己一試手氣的機會，這種誘惑與方便的配合，也是「大家樂」推波助瀾的重要力量。

到處求明牌的社會病態

隨著「大家樂」的流行，為求中獎，於是有「明牌」的出現。「明牌」（或稱神明牌）一詞指的是信徒由神祇處得來的、關於如何在賭博中勝出的啟示。這個啟示可能是一組數字、圖形，或其他可以被信徒理解（或自以為理解）的形式。除了透過乩童傳達的明牌之外，有時信徒們也會將線香上煙霧繚繞的形狀、夜裡墓碑上似隱似無的浮字等等所有可供聯想的影象、聲音當作鬼神啟示的明牌。

由於求明牌是以贏錢為目的，並不一定對該神明存有崇敬的心理。這種只看靈驗不看神面的現象，常在賭博結果揭曉之後直接反映在神像上。該神祇若提供明牌使信徒中獎，披金戴銀甚至重塑金身都指日可待；若是不幸損龜，缺頭斷肢棄於溝壑亦時常見聞。一座墓地如果傳說有靈，也能吸引眾多活人夜裡齊來與死人同宿，墓園亦成鬧市，攤販、電子花車大舉入侵。為了獲得「明牌」，最後一期愛國獎券開獎前夕，甚至發生賭迷綁架臺灣銀行獎券科科長之子，以勒索中獎獎券號碼。

「大家樂」在87、88年左右瘋到最高點，政府祭出了警察威力取締掃蕩，還是沒用。最盛的時候，恐怕遍及了全臺五分之一的成人人口，而且越是中低階層社會、越是農村鄉下，「大家樂」玩得越兇。

有的一夕致富，有的避債逃離，工廠的工人紛紛流失了，有的投入工資較高的建築業，有的情願到酒店當公主、當小弟，加上勞基法的施行，臺幣的升值，更使企業界有如雪上加霜，部分業者只得將其產業外移，另覓商機。

無心插柳的社會功能

雖然「大家樂」帶來許多負面的影響，但在那個時代還提供了另外一種社會功能，那就是讓非常缺乏公共性休閒活動的地區，多了一個大家可以一起參加、一起關心、一起討論的明確焦點。尤其是在被工業化、都會化撕裂了的鄉間，「大家樂」的投機追求，提供了數十年來僅見的社區共同娛樂，凝聚行為朝向共同目標，並活絡彼此間的關係與話題。

另外，當時臺灣的傳統戲曲原本瀕臨滅絕，卻因大家樂風行而恢復生機。每當有人中獎往往會邀請劇團演出以酬謝神明的保佑。因此劇團數量激增一倍（以布袋戲班增加最多），演出場次也急劇增加。之前，政府雖然致力推廣、保存民俗藝術，但傳統戲曲依舊日漸凋零，如今反而是「大家樂」無意中復興了民俗文化。但是1987年年底愛國獎券停止發行，傳統戲曲明顯不再熱絡，又「恢復」奄奄一息的狀態了。

壓垮愛國獎券的最後一根稻草

當「大家樂」盛行的時候，愛國獎券已失去歷史的舞臺，因為社會背景已經改變，發行的早期，中個二十萬，中獎者多半以此當作基本資金，來開創自己的事業；或是購地購屋來置產，以使獎金變得更加有價值。但是，臺灣的社會經濟逐漸發展之後，國人國民所得提高，第一特獎的誘因已經不若當時豐厚，加上物價亦逐年增長，原本二十萬足以成家立業，現在即使是一兩百萬，似乎都有些拮据。

愛國獎券發行的初衷，本是以愛國為出發點，要大家本著愛國的心情，拿出少數的金錢，積少成多，使政府得以增加一部份的收入，以補助公庫的不足，並且利用一部份的收入為獎金，使購券者一方面表示愛國，一方面試試自己的運氣。對於沒有中獎之人，以「獎雖不中，國終愛了！」為安慰。在那個國家至上的年代，這樣的要求無可厚非，但是，時代已然不同，政府若將獎券的收入，沒有「取之於民，用之於民」，人民自然會懷疑政府此一政策的存在必要。

「大家樂」是根據愛國獎券搖獎結果來兌獎，政府要賴也賴不掉。政府經營的愛國獎券，竟成為民間「大家樂」利用的工具。許多人認為沒有愛國獎券開獎，「大家樂」就玩不起來。終於，促使愛國獎券悄然從臺灣歷史的舞台謝幕，結束了其愛國的任務！

農曆生肖版

愛國獎券有多樣的題材，以及豐富的圖象，無形中將許多寶貴的文化資產保留下來，翻閱愛國獎券就如同翻閱臺灣的生活相簿。

此情可待成追憶

圖象的文化意義

6

在長達三十七年又九個月的發行期間，愛國獎券為「愛國」而發行；其圖象也具有濃厚的愛國意味，為國家而服務。愛國獎券圖象的功能在視覺傳達上，除了具有對獎識別外，還有宣傳政令與社會教育的作用。豐富多元樣貌的愛國獎券，除了保存當時文化與生活的面貌，無形中也衍生了審美收藏的價值。它是臺灣戒嚴時期歷史的縮影，與人們懷舊的對象，記錄著臺灣曾經走過的歲月。

圖象繪製精美值得收藏

愛國獎券是繪製精美而且具有特色的獎券，它深刻的描繪當時社會的風貌，深受喜愛與收藏。1962年時，獲選為國際優良獎券，並且在同年以中華民國名義加入日內瓦的「國際公營獎券協會」，成為五十餘會員國之一，在國際上獲得聲望，無形中使得愛國獎券的地位更加提升。圖象透過設計，能發揮美化商品的功能，不僅讓購買者產生視覺愉悅的效果，也傳達了圖象上的訊息給消費者。

從愛國獎券圖象中我們可以欣賞到美麗的名勝古蹟、故宮收藏的文物精粹，人物的德行風範、歷史文化的典故等等，盡收眼底，美不勝收，所以，即使不中獎，它還可以成為人們的收藏品，增加了產品的附加價值。

愛國獎券是臺灣銀行商請有名的畫家為其繪製圖象，而且繪製圖象的畫家均是獲得肯定且有深厚繪畫專長的畫家。我們欣賞愛國獎券的圖象，便可領受到畫家筆觸的熟練與優美，以及寫實描繪功力的展現，一覽無遺。使它不僅只是一張對獎的獎券而已，更是一張值得人們細細品味的圖象。

愛國獎券的監督機關制訂許多一系列的主題，連續或穿插出現，吸引了許多收藏者的興趣。有些人會針對喜歡的題材作主題式的收藏，如「錦繡山河」、「中華瑰寶」、「二十四孝」、「國民生活規範」等系列。還有些人買愛國獎券竟是志在收藏，並不是為了中獎。

在臺灣有少數幾位收藏家，難能可貴地珍藏從第一期到最後一期整套的愛國獎券，如伯夷山莊的主人許伯夷，獨具慧眼，收藏了愛國獎券，並將花了幾十年功夫所收藏的全套愛國獎券，慷慨地捐贈給成大圖書館，做為館藏與研究之用。

政令宣導教化人心寓意深遠

　　愛國獎券上的圖象，不管是以歷史人物故事為題材，或是以現代國民生活規範為題材，都有教導人們效法先賢或遵守規律的用意。這種教育人民的方式雖然不是正規的教育體制，但卻擁有比正規教育還廣泛深遠的影響力，它遍及所有市井小民，比學校教育更為普及。再加上它又有廣大的銷售量，附屬於大量製造的商品上，所以，它的圖象如能善加利用，一定具有相當程度的社會教育功能。這也是繪畫名家梁又銘等人，之所以不計酬勞，願意為愛國獎券畫插圖的主要原因了。

　　因為愛國獎券銷售量大，具有廣泛宣傳之作用，因此在1985年的時候省議員林水木就曾向財政廳建議：提供愛國獎券券面給廣告商來刊登廣告，如此一來又有一筆省庫收入。但是財政廳基於下面幾點的考量，所以仍不採行：

1. 廣告內容含意，難以訂定標準尺度，如圖文敘述不當，易招致不實之誇大宣傳或影射等情事，為外界所非議。
2. 廠商為爭取時效，對安排廣告爭先恐後，難以應付，並會引起其他廠商抗議，造成不良後果。
3. 愛國獎券由籌印至刊出時間，約需二個月之久，每期銷售期間僅十天，有失廣告時效。
4. 利用廣告增加政府財源收入，恐引起民眾誤解。

　　倘若廣告商介入，管理上將是一大問題，尤其牽扯到實質的利益時，難保不會有問題產生。所以財政廳作了不予採納的決定，愛國獎券自始至終沒有廣告的介入，也因此保持了其為國家所用的完整性。

記錄戒嚴時期的臺灣風貌

　　國民政府遷臺，在政治上實行強硬的戒嚴手段以鞏固政權；在經濟上發行愛國獎券以聚集資金，兩者的時間幾乎同時並行，所以在愛國獎券的圖象上保存了許多臺灣戒嚴時期的種種面向，翻開愛國獎券就如同翻閱臺灣光復後的生活相簿。

　　愛國獎券圖象中出現的名勝古蹟與建築物、國家建設、政策導向、節日慶祝等；都是當時生活的一部分，可讓當時的人們認識自己所處社會的風貌，並了解國家宣導政策的走向。而出現在圖案上早期的建築物，如今不是被翻新了，就是早已遭受被拆除的命運；透過愛國獎券圖象，我們依舊可以欣賞到當時的面貌。愛國獎券為政府所發行，圖象內容有一定的審查制度，大致上與政府所推行的文藝政策走向一致。並且，愛國獎券為了宣傳政令，留下許多當時政府宣傳的政策或口號，這些都是屬於戒

嚴時期獨特的時代記憶，全都保留在愛國獎券的圖象中。

　　從圖象中，我們也清楚看到臺灣的經濟變革。早期出現的圖象是臺灣重要農產品，後來逐漸出現各項重要工業的國家建設。早期的標語「勤儉節約」是為了反攻大陸，後來的標語「增產儲蓄」是為了建設台灣成為良好的投資環境。

　　而台灣一路走來的經濟改革，也真的獲得很大的成效，甚至被譽為「經濟奇蹟」。由於如此強大經濟實力的累積，與教育的普及化，造就了一些中產階級，凝聚成社會改革的新動力。終於臺灣長達三十八年的戒嚴時期結束了，社會上一片開放改革的呼聲四起，包括這由國家發行長達三十七年之久的愛國獎券，也走進歷史的記憶，也許正好說明「只愛國卻不愛民」，已無法生存於要求改革的社會中了。

值得回味的臺灣記憶

　　愛國獎券有多樣的題材，以及精美豐富的圖象，無形中將許多寶貴的文化資產保留下來；不論是社會生活或政策走向，甚至是經濟發展情形與特殊事件，也都如實的被記錄在愛國獎券裡面，其圖象與當時的社會息息相關。它一幅幅的圖象是當時社會一段段記憶的縮影，它記錄了當時臺灣社會生活的面貌，保留臺灣曾經走過的足跡。

　　如今，當愛國獎券不再是可對獎的獎券，當圖象中政治的意識形態也早已褪去，當愛國獎券圖象所衍生的脈絡已改變；我們更可以發現，它典藏了一段值得收藏與懷念的臺灣記憶！

歲月的足跡

愛國獎券的相關統計表

一：愛國獎券售價表

期別（開獎日期）	每張售價（面額）	備　註
第1期（民國39年4月30日）	150元	每大張分十條，每條十五元。
第2－576期 （民國39年5月31日－民國59年12月25日）	5元	不再分條。
第577－785期 （民國60年1月5日－民國60年3月25日）	10元	
第786－999期 （民國60年4月5日－民國71年9月25日）	20元	
第1000期（民國71年10月5日）	100元	發行第一千期時擴大發行
第1001－1171期 （民國71年10月15日－民國76年12月27日）	50元	除了第1048、1086、1121期為春節擴大發行，售價均為100元。

資料來源：臺灣省政府財政廳發行，《臺灣地區發行彩券報告》劉華卿整理2004.11.12

二：愛國獎券發行基本張數之調整表

期別（開獎日期）	每期發行基本張數	備　註
第1期（民國39年4月30日）	一萬張	每張一號分十條，共十萬條。
第2－13期（民國39年5月31日－民國39年11月16日）	二十萬張	改為單聯式每張一號
第14－16期（民國39年11月30日－民國39年12月31日）	三十萬張	
第17－20期（民國40年1月15日－民國40年2月28日）	四十萬張	
第21－41期（民國40年3月15日－民國41年1月20日）	五十萬張	
第42－314期（民國41年2月5日－民國52年6月5日）	八十萬張	
第315－1171期（民國52年6月20日－民國76年12月27日）	六十萬張	改為同號多聯式

資料來源：張勝彥編撰，《臺灣地區發行彩券報告》劉華卿整理2004.10.21

三：民國39年至76年愛國獎券每張聯數表

期　別	每張聯數	期　別	每張聯數
第1期	每張一號每號十條（條即是聯）	第1001－1003期	一張同號四聯
第2－314期	每張一號單聯式	第1004－1048期	一張同號五聯
第315－686期	一張同號二聯	第1048期	一張同號五聯
第687－751期	一張同號三聯	第1049－1074期	一張同號六聯
第752－785期	一張同號四聯	第1075－1085期	一張同號八聯
第786－825期	一張同號三聯	第1086期	一張同號十五聯
第826－898期	一張同號四聯	第1087－1120期	一張同號八聯
第899－931期	一張同號五聯	第1121期	一張同號二十聯
第932－969期	一張同號六聯	第1122－1131期	一張同號十聯
第970－999期	一張同號八聯	第1132－1149期	一張同號八聯
第1000期	一張同號二聯	第1150期	一張同號十聯

期　別	每張聯數	期　別	每張聯數
第1151期	一張同號二十聯分兩組發行	第1156－1158期	一張同號十二聯
第1152－1155期	一張同號十聯	第1159－1171期	一張同號十聯

資料來源：林瑞麗、廖節惠、趙春美編，《臺灣銀行五十年》劉葦卿整理2004.11.12

四：愛國獎券發行次數與開獎日期演變表

期　別	每月發行次數	說　明
第1－2期	一期	
第3－26期	二期	更改開獎日期每月一日與十六日
第27－334期	二期	發行次數不變，開獎日期更改為每月五日與廿日
第335－1148期	三期	每月發行三期，並將開獎日期更改為每月五、十五與二十五日
第1149－1151期	一期	每月開獎日期二十五日
第1152－1165期	二期	每月開獎日期為十日與二十五日
第1166－1171期	二期	每月第二與第四星期日上午開獎

五：歷年第一特獎金額與平均國民所得比例

年代	平均每人國民所得(1)	第一特獎金額(2)	(2)÷(1)	年代	平均每人國民所得(1)	第一特獎金額(2)	(2)÷(1)
1950	1,407	200,000	142	1969	14,417	200,000	14
1951	1,913	200,000	105	1970	16,407	500,000	30
1952	2,471	200,000	81	1971	19,278	500,000	26
1953	2,608	200,000	77	1972	24,564	500,000	20
1954	2,989	200,000	67	1973	32,408	500,000	15
1955	3,296	200,000	61	1974	33,811	500,000	15
1956	3,704	200,000	54	1975	39,559	500,000	13
1957	4,004	200,000	50	1976	45,330	500,000	11
1958	4,454	200,000	45	1977	53,303	1,000,000	19
1959	5,209	200,000	38	1978	63,275	1,000,000	16
1960	5,666	200,000	35	1979	77,575	1,000,000	13
1961	6,056	200,000	33	1980	89,868	1,000,000	11
1962	6,657	200,000	30	1981	94,647	1,000,000	11
1963	7,563	200,000	26	1982	103,093	1,000,000	10
1964	8,110	200,000	25	1983	114,511	3,000,000	26
1965	8,848	200,000	23	1984	119,272	3,000,000	25
1966	9,957	200,000	20	1985	137,992	3,000,000	22
1967	11,316	200,000	18	1986	154,229	3,000,000	19
1968	12,804	200,000	16	1987	166,758	1,000,000	6

六：大陸各省風光出現的次數與期號

省　份	次　數	期　　號
廣東	11	140、141、154、157、159、189、190、229、238、253、262
雲南	3	184、209、258
貴州	3	162、207、271
江蘇	9	144、145、146、147、186、187、213、241、246
浙江	5	130、131、150、151、272
江西	1	211
湖北	6	136、137、203、226、227、251
四川	5	128、129、148、149、244
西藏	2	161、236
山東	2	158、250
河北	19	132、133、134、135、138、139、152、153、182、183、197、200、204、221、232、234、249、256、270
陝西	5	142、143、177、231、263

資料來源：劉葦卿整理，2003.10.8

七：臺灣縣市風光出現的次數與期號

縣　市	次　數	期　　號
臺北	59	50、51、60、61、62、63、64、65、74、75、77、78、79、80、85、86、87、88、89、90、100、101、106、107、110、111、114、115、116、117、124、125、126、127、163、165、166、194、196、212、215、218、223、239、254、264、267、268、269、322、334、344、346、347、352、400、491、515、1130
桃園	4	321、336、382、516
新竹	4	91、92、208、242
臺中	10	48、49、102、103、172、214、335
南投	7	168、243、340、354、356、368、401
彰化	2	199、247
雲林	3	171、257、347
嘉義	9	170、176、179、217、220、255、338、339、345
臺南	39	40、41、42、43、44、45、52、53、56、57、72、73、93、94、95、104、105、122、123、155、174、175、178、185、191、195、198、202、210、219、222、224、225、265、273、274、332、341、443
高雄	11	188、192、206、233、260、275、333、387、393、403、1134
屏東	9	167、169、173、216、237、261、362、422、1131
花蓮	13	66、69、98、99、112、113、193、230、327、417、496、1132、1133
蘇澳	8	66、69、98、99、112、113、193、230
金門	5	164、201、373、398、477

資料來源：劉葦卿整理，2003.10.18

八：臺灣重要機關建築出現的次數與期號

建物名稱	次 數	期 號
總統府	8	34、35、36、37、38、39、323、353
中山堂	7	46、47、96、97、120、121、412
行政院	4	54、55、70、71
臺北火車站	4	58、59、76、245
臺大醫院	5	81、82、118、119、266
省立博物館	7	83、84、108、109、235、330、386
中山堂國父紀念銅像	2	181、205
臺北南海學園	1	343
臺北市綜合運動場	2	160、248
北市綜合運動場	1	159
國立臺灣科學館	1	320
國立歷史博物館	2	326、517
省府中興醫院	1	351
中山樓	3	482、514、1129
文化大學	1	337
清華大學	1	342
日月潭教師會館	1	368
省政府中興會堂	1	384
省議會會館	1	405
中山博物院（臺北故宮）	1	415
國父紀念館	1	1124
中正紀念堂	1	1125
國家戲劇院	1	1169
國家音樂廳	1	1170

資料來源：劉華卿整理，2003.10.8

九：各類故宮國寶出現的次數與期號

質 地	次 數	期 號
玉器	17	306、402、404、428、429、568、572、574、584、593、594、595、1135、1136、1137、1138、1139
銅器	25	277、370、377、413、418、419、420、421、424、440、458、486、509、565、566、567、579、582、587、589、597、1142、1143、1144、1147
瓷器	34	308、312、316、318、369、380、399、411、416、423、430、434、438、444、450、460、464、468、485、512、559、560、561、575、576、578、583、585、588、590、591、596、598、1141
雕器	6	281、310、314、408、435、1140
其他	3	441、592、1148

資料來源：劉華卿整理，2003.11.7

十：節日圖象出現的次數與期號

節　日	次　數	期　號
元旦	27	278、279、280、304、361、397、433、469、505、541、577、613、649、685、721、757、793、829、865、901、937、973、1009、1045、1081、1117、1150
自由日	2	615、831
春節	23	259、331、437、472、510、545、580、617、652、687、725、760、798、833、868、906、940、97、1013、1048、1086、1121、1151
元宵節	19	365、473、546、581、619、654、689、726、761、799、834、869、907、942、977、1015、1050、1088、1122
兒童節	10	406、442、478、550、586、622、658、694、730、1154
勞動節	1	288
母親節	1	1156
端午節	7	414、449、522、629、664、702、737
軍人節	2	296、601
體育節	1	602
中秋節	1	297
教師節	4	298、322、352、388
雙十節	25	299、323、353、389、425、461、497、533、569、605、641、677、713、785、821、857、893、929、965、1001、1037、1073、1109、1145、1166
光復節	21	426、462、498、534、570、606、642、678、714、786、822、858、894、930、966、1002、1038、1074、1110、1146、1167
總統華誕	17	156、180、228、252、276、300、342、355、391、427、463、499、535、571、607、643、715
國父誕辰	3	301、325、392
防空節	10	302、537、573、645、717、753、789、825、861、897
行憲紀念日	1	396

資料來源：劉葦卿整理，2003.11.8。

十一：國三軍出現的次數與期號

三　軍	次　數	期　號
陸軍	3	410、481、483
海軍	5	376、409、475、476、479
空軍	2	372、407

資料來源：劉葦卿整理，2004.3.21。

十二：第二階段標語的類型與期號

標語類型	反共抗俄的類型	建國富國的類型	保密防諜的類型	革新精神的類型
出現次數	14	17	11	66
期號	282、283、284、285、286、287、291、333、339、341、342、343、345、357	277、281、288、289、293、294、311、313、315、329、330、332、336、347、562、563、564	290、293、294、307、310、317、320、328、334、340、349	292、303、306、308、309、312、314、318、319、322、338、518、519、520、521、523、524、525、526、527、528、529、530、531、532、536、537、538、539、540、542、543、544、547、548、549、551、552、553、554、555、556、557、558
標語內容	「反攻大陸」、「光復中華」、「驅逐俄寇」、「復興中華」、「效法革命先烈精神」、「解救大陸同胞」、「反共自覺」、「反共抗俄奮鬥到底」、「只有戰鬥才有勝利」、「一切為反攻」、「一切為勝利」、「意志集中全面動員」	「富國建國」、「擁護領袖」、「養成勤儉節約美德」、「克難節約增產報國」、「歡度中秋莫忘敬軍」、「互助合作增產報國」、「集中意志全面動員」、「一心一德群策群勵」	「檢舉匪諜保家衛國」、「隱瞞匪諜就是犯法」、「人人保密人人防諜」、「保密防諜人人有責」、「知匪不報依法懲處」、「掩護匪諜與匪同罪」、「不聽信謠言」、「不冤枉好人」	「人人做好人時時做好事」、「革新動員戰鬥」、「以行動實踐革新」、「革新動員戰鬥」、「重法務實選賢與能」、「革新的動力就是革心」、「人人要發揮公共道德」、「公正廉潔謹慎勤勉」、「實事求是精益求精」、「力量集中整體動員」、「尊師重道」、「國民生活規範」

資料來源：劉葦卿整理，2003.11.28

十三：各朝代出現的次數與期號

朝 代	出現次數	期 號
周代	16	710、735、748、762、769、816、832、836、843、845、853、863、881、886、902
春秋	12	307、637、638、639、640、644、768、802、887、1012、1018、1027
戰國	13	309、311、599、600、711、732、747、754、763、770、787、892、900 309、311、599、600、711、732、747、754、763、770、787、892、900
漢朝	39	313、317、319、601、602、603、604、608、646、647、648、650、651、653、655、656、657、659、660、661、662、665、666、705、729、749、758、764、772、797、801、803、864、911、924、925、952、953、972
東漢	23	706、707、734、739、743、744、751、766、767、775、817、830、875、878、884、889、926、933、950、974、984、988、989
三國	24	609、610、611、663、667、668、669、670、671、776、804、810、842、888、916、918、935、949、954、956、958、986、1033、1042
晉朝	43	612、614、616、618、620、672、673、674、675、708、709、716、719、720、722、723、724、727、765、784、792、812、826、847、849、879、883、923、938、931、938、939、968、976、1024、1046、1049、1051、1054、1083、1094、1095、1098、1107
南朝	20	680、718、736、780、800、814、819、827、828、873、876、880、899、919、936、955、957、1065、1067、1087
北朝	15	621、681、771、851、882、908、922、745、809、1019、1023、1047、1056、1063、1089
隋朝	8	838、839、840、910、934、1028、1030、1031
唐朝	56	623、624、625、682、683、684、686、688、712、731、738、741、746、750、774、779、781、782、783、790、791、795、806、811、815、818、820、823、837、848、854、867、870、874、885、890、896、905、915、920、921、927、970、990、1008、1020、1025、1039、1058、1064、1076、1084、1093、1096、1101、1104
五代	16	690、752、855、859、866、904、932、992、1003、1005、1017、1022、1032、1034、1041、1079
宋朝	64	315、626、627、628、630、631、635、676、691、692、693、695、696、697、698、699、700、733、740、755、759、813、824、841、844、846、871、872、877、891、898、909、912、913、917、941、944、945、947、948、960、964、971、982、991、993、994、1004、1010、1011、1016、1021、1026、1029、1036、1044、1052、1060、1066、1072、1075、1080、1082、1099
遼朝	1	807
金朝	1	835
元朝	17	701、728、794、850、852、856、860、862、967、969、978、1007、1057、1071、1090、1092、1097
明朝	41	632、633、634、636、703、704、742、895、903、914、943、946、951、959、961、962、963、979、980、981、983、985、987、1014、1035、1040、1043、1053、1061、1068、1069、1071、1077、1078、1085、1091、1100、1102、1103、1105、1106
清朝	1	1006

資料來源：劉葦卿整理，2003.12.24

十四：第三階段歷代人物故事期號與標題

期 號	標 題	期 號	標 題	期 號	標 題	期 號	標 題
282	孝感動天	604	夫妻相敬	656	持節牧羊	701	捐僉募兵
283	懷橘遺親	608	大樹將軍	657	中興漢室	703	與兵同苦
284	臥冰求鯉	609	桃園結義	659	威加外國	704	組僧成軍
285	乳姑不怠	610	鎮靜卻敵	660	清操四知	705	擋熊救主
286	拾椹供親	611	忠勇救主	661	傷額忍痛	706	罵曹斥奸
287	刻木事親	612	聞雞起舞	662	銅柱銘勳	707	理直氣壯
288	行傭供母	614	勇除三害	663	用船稱象	708	見危不避
289	哭竹生筍	616	運甓習勞	665	清操勵節	709	鎮定自若
290	嘗糞憂心	618	築城禦敵	666	牧豕勤讀	710	金人緘口
291	為母埋兒	620	縋城求援	667	三顧茅廬	711	埋蛇行仁
292	恣蚊飽血	621	代父從軍	668	割臂療毒	712	中矢不懼
293	聞雷泣墓	623	天山三箭	669	據水斷橋	716	焦飯救飢
294	扇枕溫衾	624	罵賊盡忠	670	一身是膽	718	學專藝強
295	賣身葬父	625	免冑退敵	671	七擒孟獲	719	祖腹雅量
296	滌親溺器	626	還我河山	672	鎮靜克敵	720	腹笥飽學
297	嚙指痛心	627	急智救人	673	擊楫中流	722	改過自新
298	負米養親	628	助夫禦敵	674	封還公物	723	大勇救叔
299	湧泉躍鯉	630	畫荻教子	675	助子平賊	724	施灸得報
300	戲彩娛親	631	正氣凜然	676	先令救弟	727	事貴真知
301	打虎救父	632	忘身破敵	680	父子雄兵	728	解衣滅火
302	蘆衣順母	633	威震邊疆	681	捋鬚看髮	729	老邁報國
303	棄官尋母	634	衛國保鄉	682	雀屏中選	731	誓滅賀蘭
304	鹿乳奉親	635	智破拐馬	683	磨杵成針	732	大勇攝虎
305	親嘗湯藥	636	焚服起義	684	戰靴納刀	733	量沙卻敵
307	臥薪嘗膽	637	吳宮教戰	686	草人借箭	734	增灶阻敵
309	擇鄰教子	638	犒師退敵	688	煮粥焚鬚	735	據鞍勤讀
311	刺股力學	639	老馬識途	690	軍中警枕	736	賜食愛民
313	張良納履	640	釋放乳鹿	691	布豆勝敵	738	引舟諫上
315	精忠報國	644	義感敵兵	692	化除迷信	739	懸魚卻贈
317	胯下之辱	646	泣杖孝親	693	血書救母	740	焚券施仁
319	蘇武牧羊	647	平定西域	695	折節從學	741	大義責子
599	克敵復土	648	漂母一飯	696	灌水取球	742	牧牛勤讀
600	相忍為國	650	輸財助邊	697	拔刀遮門	743	代弟受烹
601	借光勤讀	651	斷機免夫	698	敵軍破膽	744	節儉持家
602	一諾千金	653	上書救夫	699	乘風破浪	745	諍諫罷棋
603	從戎報國	655	寬厚待人	700	縱鴿點兵	746	搏虎救母

期　號	標　題	期　號	標　題	期　號	標　題	期　號	標　題
747	解裘敬老	794	不取路梨	841	備譽忘衮	885	君明臣直
748	詩禮教子	795	清操感人	842	獨力負鐘	886	老而彌堅
749	斬蛇起義	796	假病止殺	843	牧野鷹揚	887	鑄像思賢
750	兔夫力戰	797	泣杖孝母	844	沈衣中流	888	黃鬚勇將
751	瘦羊博士	800	小人量大	845	殺驢救人	889	舌耕積粟
752	一靴值價	801	觀舞興嘆	846	案覆不責	890	吹灶苦學
754	清操感人	802	拒受贈劍	847	學書失羊	891	杖子化民
755	教子清廉	803	殺雞奉母	848	都亭責子	892	獵得善言
758	滅此朝食	804	許拊虎鬚	849	理直氣壯	895	清勤教子
759	畫蘭明志	805	燭敵燃鬚	850	鋤豹救父	896	面責媚臣
762	大器戒盈	806	飯後聞鐘	851	甘美共嘗	898	碎碑不屈
763	倚閭教忠	807	不墜家風	852	至孝感盜	899	拒受贈米
764	解衣免禍	808	補綴簏牘	853	千金市骨	900	冒雨守約
765	血濺帝衣	809	杖擊羊皮	854	不從敵教	902	無敢並立
766	不食盜雞	810	賜絹為糧	855	償民沈冤	903	毀鏤金床
767	德政感人	811	老嫗解詩	856	孝友感盜	904	矢簇示忠
768	諫君愛民	812	聲殲二盜	859	為主辯誣	905	義不獻媚
769	音樂克敵	813	獐鹿妙對	860	解衣救父	908	譽稱國寶
770	善射救夫	814	隨月讀書	862	被疑拾釵	909	戒子讒語
771	鼓樓制賊	815	斷帶續燈	863	愛及動物	910	民稱慈母
772	分肉公平	816	放生禁獵	864	賣刀買犢	911	被呵不怒
773	獻俘雪恥	817	破甑不顧	866	臨難不避	912	書扇償欠
774	脫靴留愛	818	寶碎不責	867	焚券還奴	913	不為亂階
775	強項不屈	819	殺雞解爭	870	破除迷信	914	焚燬奢物
776	砍案決戰	820	千秋金鑑	871	琴鶴自隨	915	治牆得錢
777	立雪尊師	823	錦裘繡帽	872	端正媚風	916	載石遺家
778	願識溫公	824	石工明義	873	妄語換絹	917	焚燬淫祀
779	氣吞回紇	826	新亭壯語	874	遣散奴婢	918	正色諫樂
780	三十而立	827	澣衣稱疾	875	糟糠之妻	919	陣前射子
781	判還磨石	828	舒被護書	876	圖形示寵	920	隔簾觀察
782	為臣剪鬚	830	詣府歸馬	877	受辱不怪	921	畫虎示兒
783	勇救姑危	832	盜簪卻敵	878	捐財賑災	922	拾椹遺主
784	長刀砍賊	835	臥看天雲	879	踏鞍拔箭	923	罵賊受戮
787	為父操棺	836	斷臂殉主	880	謝絕饋氈	924	義感刺客
788	碎衣切諫	837	賣碼賑貧	881	撫琴相認	925	鳥攫肉食
790	賜箸表直	838	杯水奉餞	882	禁受民食	926	杵臼定交
791	持正遠倭	839	孔廟教校	883	一門忠孝	927	親執桴鼓
792	教民公德	840	貴不停織	884	守關盡責	928	箕帚送嫁

期號	標題	期號	標題	期號	標題	期號	標題	期號	標題
931	晶子起義	976	焚甲弭禍	1021	墜馬悔悟	1067	養子盡義
932	三矢復命	978	深明大意	1022	焚削債券	1068	父廉子孝
933	橫劍擋駕	979	為友侍疾	1023	棄奕發憤	1069	入井救主
934	糾正媚風	980	守堡得全	1024	拒服新衣	1070	鋤豹救父
935	高風受敬	981	不負友託	1025	不墮祖譽	1071	奮身護翁
936	不敢先嘗	982	勸夫免禍	1026	不用密啟	1072	士先器識
938	焚裘禁媚	983	節義之交	1028	發奮習文	1075	餵乳復蘇
939	戒子自滿	984	上殿免拜	1029	補葺舊帳	1076	詢獄認母
941	獨臂奮戰	985	勇救母弟	1030	不慕虛榮	1077	折凳救祖
943	萬里尋兄	986	一言釋怨	1031	神思專一	1078	貧富不移
944	帶箭指揮	987	荒寺尋父	1032	勸兄廉潔	1079	執法嚴明
945	焚衣勵節	988	勸夫慎刑	1033	屋漏教子	1080	伏柩罵賊
946	躍城救母	989	守信感賊	1034	義感刺客	1082	賢孝免禍
947	百姓齊心	990	連襟落驢	1035	祖孫爭死	1083	三爭退賊
948	捫膝先生	991	智救康王	1036	血山諷主	1084	慎守平典
949	教子禮士	992	鐵硯勵志	1039	啖土養孤	1085	安貧盡孝
950	負母還鄉	993	晶子忠義	1040	耕讀傳家	1087	孝思感親
951	四鐵御史	994	鞋履復合	1041	化民友愛	1089	以身作則
952	污車不責	995	賞識貧士	1042	不忘守禮	1090	不忍殘殺
953	虎渡河北	996	教民慈孝	1043	持盈保泰	1091	兄弟雙雄
954	捨身護母	997	責子守廉	1044	同心同德	1092	火窟救母
955	採菱養祖	998	勉夫拒敵	1046	飲鴆明忠	1093	判牛還主
956	不忍殘殺	999	進魚守禮	1047	捨兒救母	1094	死不從賊
957	隱惡揚善	1003	為母挽車	1049	忠孝友于	1095	忍辱復仇
958	與兄同苦	1004	紡織教子	1051	冒矢護主	1096	馬前諫獵
959	負母渡河	1005	童子義士	1052	煮粥享僕	1097	勸翁遷善
960	脫裘勞軍	1006	雕胡供母	1053	同歸於盡	1098	一門忠義
961˙	不忘祖國	1007	砍案示志	1054	勇救老弱	1099	拒賊救主
962	半錢尋母	1008	負祖渡江	1055	能守能行	1100	飲鴆釋疑
963	孝敢賊魁	1010	非己不取	1056	為父減刑	1101	斬衣焚書
964	敲器諷諫	1011	貴不忘舊	1057	剪髮易書	1102	母賢妻儉
967	拒售賄賂	1012	教子以信	1058	覽鏡思親	1103	力製虎尾
968	以身質羊	1014	主僕守義	1060	賜賞尋親	1104	叔姪情深
969	勉夫廉義	1016	建橋濟眾	1061	血衣勵子	1105	喬裝全節
970	公私分明	1017	德化盜賊	1062	水寶救主	1106	護兄盡義
971	安貧樂道	1018	三利三患	1063	贈牛解紛	1107	火攻下策
972	織履教子	1019	長幼有序	1064	何須立木		
974	為師伸冤	1020	解衣示志	1065	先見之明		

資料來源：劉蕐卿整理，2004.2.24

十五：第四階段的圖案種類與期號

圖案種類	出現次數	期　　號
國家建設	14	1108、1111、1112、1113、1115、1116、1118、1119、1120、1127、1128、1149、1152、1153
臺灣風光	4	1114、1132、1133、1134
國家重寶	13	1135、1136、1137、1138、1139、1140、1141、1142、1143、1144、1147、1148
國劇臉譜	4	1157、1159、1160、1162
節日慶祝	13	1109、1110、1117、1121、1122、1145、1146、1150、1151、1154、1156、1166、1167
臺灣重要機關與建築	8	1124、1125、1126、1129、1130、1131、1169、1170
各項運動	6	1158、1161、1163、1164、1165、1168
民族雜耍	1	1123
四季花鳥	2	1155、1171

資料來源：劉華卿整理，2003.12.21

十六：臺灣走過的歲月──1949－1987年大事記表

1949年	・10月1日中華人民共和國成立。 ・為杜絕收聽中共廣播，省保安司決登記收音機。 ・臺幣幣制改革，舊臺幣四萬元折合新臺幣一元。
1950年	・10月底韓戰爆發，美國第七艦隊駛入臺灣海峽，解除臺灣受中共攻擊的危機，臺灣在經濟上得以休養生息。 ・蔣中正總統演講指出：「一年準備，兩年反攻，三年掃蕩，五年成功。」 ・陳儀以勾結中共罪名槍決。 ・4月11日為籌措國家建設經費，省府委託臺灣銀行發行愛國獎券。
1951年	・臺灣省首屆縣市長選舉。 ・聯合國大會政治委員會以四十四票通過「譴責朱毛匪幫為侵略者」。 ・美國總統杜魯門下令除去麥克阿瑟元帥職務，反對中華民國軍隊反攻大陸。 ・「反共抗俄戰士授田條例」通過。 ・開始實施「耕者有其田」，隔年四月完成。 ・光復節前夕，蔣中正總統以「時代考驗青年，青年創造時代」勉勵青年反共抗俄。
1952年	・中國青年反共救國團成立。
1953年	・開始實施五期又兩年的四年經濟建設計畫的第一期經濟建設，以「農業培植工業，以工業發展農業」。 ・美國總統艾森豪在國會國情諮文中，解除臺灣中立化，不阻止中華民國政府反攻大陸，同時停止第七艦隊在臺灣海峽的巡邏工作。 ・主管軍訓當局通知各中等學校，限9月以前徹底實施軍訓。
1954年	・簽署中、美共同防禦協定。 ・國民大會選舉蔣中正連任第二屆總統（1508人出席得1507票）。 ・滯韓14209名反共義士來臺，全國定1月23日為「一二三自由日」。 ・西部縱貫公路通車。
1955年	・全國熱烈展開確保金馬運動。 ・省府訂定厲行戰時生活節約要點，規定送禮不得超過二十元，宴會禁用女侍陪酒，祝壽需年逾60歲。
1956年	・美國務卿杜勒斯正式聲明，中共如犯金馬，美國武裝部隊必然投入此戰爭。 ・「反共抗俄戰士授田條例」、正式實施。 ・行政院院會決定正式實施大專聯考。

1957年	・蔣中正《蘇俄在中國》一書成為國民黨「三不政策」理論依據。 ・第二期四年經濟建設計畫。 ・蘇聯發射全世界第一顆人造衛星成功。
1958年	・金門八二三砲戰。 ・石門大壩開基典禮。
1959年	・省教育廳規定，放映國語片時，禁用台語說話。
1960年	・美國總統艾森豪來訪，支持中華民國為中國在聯合國的唯一代表，五十萬群眾列隊歡迎。 ・中橫全線通車，由退伍軍人、部分工兵和原住民共同興建，費時三年十個月。象徵臺灣建設時代的來臨，和大陸的經濟水準從此拉開。 ・國際奧委會決定中華民國必須以「臺灣」名義參加世界運動比賽。
1961年	・工業迅速成長且超越農業。
1963年	・蔣中正總統告訴美國記者，今年為反攻決定年。
1964年	・臺大政治系教授彭明敏欲發表〈臺灣人民自救運動宣言〉主張制定新憲法，但尚未進行已遭逮捕。
1965年	・美國介入越戰。 ・臺灣成為駐越美軍的補給基地和渡假中心。 ・第四期四年經濟建設計畫開始。 ・曾文水庫開工。
1966	・臺省十年經建計畫開始實施。 ・臺灣鳳梨罐頭輸出為世界第一。 ・毛澤東發動「文化大革命」。
1967	・「中華文化復興運動推行委員會」成立。 ・警總禁唱〈四季歌〉等八首流行歌曲。 ・省府規定媽祖誕辰慶，一律在農曆3月23日舉行。
1968	・臺灣實施「九年國民義務教育」。 ・音樂家黃友隸發起「淨化歌詞運動」。
1969	・第五期四年經濟建設計畫。 ・美國政府企圖聯中制俄，此為臺灣成為日後在國際間被孤立遠因。
1970	・中產階級逐漸形成，要求政治民族的壓力也逐漸提高。 ・蔣經國的美國行促成他推動現代化十大建設，此舉對臺灣的各項基礎建設居功厥偉。 ・臺灣赴釣魚台作業漁船，受琉球巡邏艇干擾。 ・為推動全民儲蓄，政府勸導人人開戶存款，薪水一律轉入存款戶。 ・縱貫鐵路彰化、臺南間雙軌通車。
1971	・釣魚台事件，美國擬將釣魚台交給日本。 ・蔣中正總統提出「莊敬自強、處變不驚」的口號。 ・10月25日，聯合國表決接受「中華人民共和國」取代「中華民國」的席位。 ・高速公路開工。
1972	・蔣經國行政院長提出多項行政革新，但難遏止奢靡之風。 ・文化局開始淨化電視節目，減少方言節目。
1973	・曾文水庫完成。 ・第一次石油危機（1973-1975）經濟部長孫運璿呼籲民眾自動節約能源。 ・北迴鐵路開工。
1974	・省主席謝東閔推動「客廳即工廠」。 ・為遏止社會奢侈風氣，限制特定行業的營業時間及新設與擴大營業場所。 ・我國棒球首度贏得「三冠王」。
1975	・4月5蔣中正病逝，國喪，許多人自動佩帶黑紗以示哀悼，全國娛樂場所停止娛樂一個月，三家電視台取消娛樂節目三天，並以黑白方式播出一個月。 ・國歌、國父及蔣公遺囑被譯成白話文，發送各校作為中國文化基本教材。

1976	・中正紀念堂舉行破土典禮。 ・政院核定修正「中華民國臺灣經濟建設六年計畫」。
1977	・「鄉土文學」論戰出現於知識界。 ・教育部定古物限於國內流通，不可輸出外國。
1978	・中共宣布停止砲轟金門。 ・因美國與中共建交之故，我國中止正在進行的中央民意代表選舉。 ・南北高速公路全線通車。 ・外交挫敗，並未影響經濟發展，國民所得持續迅速增加。 ・十二項建設積極規劃，陸續展開各項建設。
1979	・中正機場正式啟用。 ・鐵路西部幹線電氣化全線通車。 ・首座核能發電廠完工。 ・政院通過「改善社會風氣重要措施」。
1980	・北迴鐵路正式通車。 ・臺省全面基層建設展開。
1981	・中正紀念堂落成啟用。 ・政府決推行「新社會運動」。 ・文建會成立，陳奇祿任主委。
1982	・退伍軍人李師科搶劫銀行，喚起各界對老兵問題的重視。 ・政院通過臺灣經濟建設四年計畫。 ・臺閩地區實施工商普查。
1983	・李大維駕偵察機由花蓮飛福建。 ・卓長仁等六人劫中國民航機到南韓。 ・政院通過「勞基法草案」部分條文之修正案。
1984	・2月蔣經國提名省主席李登輝為副總統搭檔。 ・經建會核定太魯閣國家公園區域範圍。 ・教育部宣佈各校制服樣式可自訂。
1985	・國內第一座抽蓄水力發電，明湖電廠竣工。 ・教育部草擬「語言法」，規定公共場合不得使用方言交談，學者專家和立委展開激辯。
1986	・9月28日一百三十餘位黨外人士，在圓山飯店成立「民主進步黨」。 ・「大家樂」賭風橫掃基層，賭風熾盛，犯罪事件直線上升，臺灣出現轉型期的亂象。
1987	・立法院無異議通過「臺灣地區解嚴」案。 ・開放國人大陸探親。 ・解除報禁。 ・為平息「大家樂」的賭風，年底決定停止發售愛國獎券。

資料來源：孫思照發行，《臺灣戰後50年土地・人民・歲月》。李明亮發行，《臺灣光復五十年專輯》。楊碧川，《臺灣現代史年表》。劉華卿整理，2003.10.18。

記憶的票根

愛國獎券全都錄

1-1171期的愛國獎券圖象

第1期

第2期

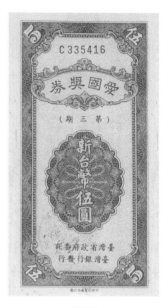

第3期

第4期

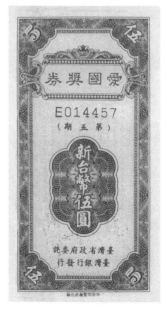

第5期

第6期

第7期

第8期

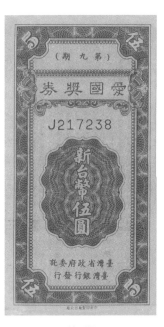

第9期

第10期

第11期

第12期

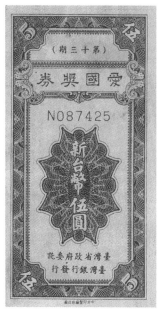

第13期

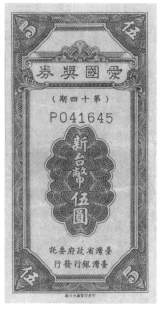

第14期

第15期

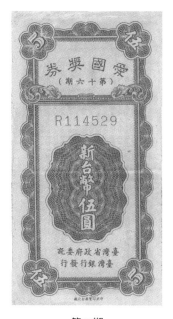

第16期

第17期

第18期

第19期

第20期

第21期

第22期

第23期

第24期

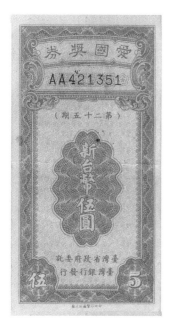

第25期

第26期

第27期

第28期

第29期

第30期

第31期

第32期

第33期

第34期

第35期

第36期

第37期

第38期

第39期

第40期

第41期

第42期

第43期

第44期

第45期

第46期

第47期

第48期

第49期

第50期

第51期

第52期

第53期

第54期

第55期

第56期

第57期

第58期

第59期

第60期

第61期

第62期

第63期

第64期

第65期

第66期

第67期

第68期

第69期

第70期

第71期

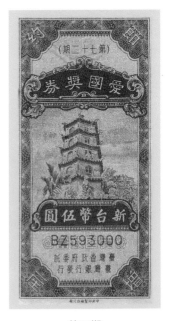

第72期

第73期

第74期

第75期

第76期

第77期

第78期

第79期

第80期

第81期

第82期

第83期

第84期

第85期

第86期

第87期

第88期

第89期

第90期

第91期

第92期

第93期

第94期

第95期

第96期

第97期

第98期

第99期

第100期

第101期

第102期

第103期

第104期

第105期

第106期

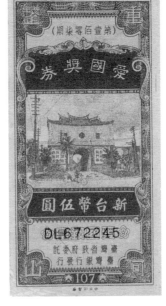

第107期

第108期

第109期

第110期

第111期

第112期

第113期

第114期

第115期

第116期

第117期

第118期

第119期

第120期

第121期

第122期

第123期

第124期

第125期

第126期

第127期

第128期

第129期

第130期

第131期

第132期

第133期

第134期

第135期

第136期

第137期

第138期

第139期

第140期

第141期

第142期

第143期

第144期

第145期

第146期

第147期

第148期

第149期

第150期

第151期

第152期

第153期

第154期

第155期

第156期

第157期

第158期

第159期

第160期

第161期

第162期

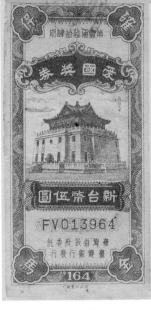

第163期　　　　　　　　第164期　　　　　　　　第165期

第166期　　　　　　　　第167期　　　　　　　　第168期

第169期

第170期

第171期

第172期

第173期

第174期

第175期

第176期

第177期

第178期

第179期

第180期

第181期

第182期

第183期

第184期

第185期

第186期

第187期

第188期

第189期

第190期

第191期

第192期

第193期

第194期

第195期

第196期

第197期

第198期

第199期

第200期

第201期

第202期

第203期

第204期

第205期

第206期

第207期

第208期

第209期

第210期

第211期

第212期

第213期

第214期

第215期

第216期

第217期

第218期

第219期

第220期

第221期

第222期

第223期

第224期

第225期

第226期

第227期

第228期

第229期

第230期

第231期

第232期

第233期

第234期

第235期

第236期

第237期

第238期

第239期

第240期

第241期

第242期

第243期

第244期

第245期

第246期

第247期

第248期

第249期

第250期

第251期

第252期

第253期

第254期

第255期

第256期

第257期

第258期

第259期

第260期

第261期

第262期

第263期

第264期

第265期

第266期

第267期

第268期

第269期

第270期

第271期

第272期

第273期

第274期

第275期

第276期

第277期

第278期

第279期

第280期

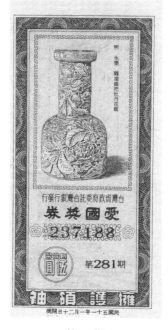

第281期

第282期

第283期

第284期

第285期

第286期

第287期

第288期

第289期

第290期

第291期

第292期

第293期

第294期

第295期

第296期

第297期

第298期

第299期

第300期

第301期

第302期

第303期

第304期

第305期

第306期

第307期

第308期

第309期

第310期

第311期

第312期

第313期

第314期

第315期

第316期

第317期

第318期

第319期

第320期

第321期

第322期

第323期

第324期

第325期

第326期

第327期

第328期

第329期

第330期

第331期

第332期

第333期

第334期

第335期

第336期

第337期

第338期

第339期

第340期

第341期

第342期

第343期

第344期

第345期

第346期

第347期

第348期

第349期

第350期

第351期

第352期

第353期

第354期

第355期

第356期

第357期

第358期

第359期

第360期

第361期

第362期

第363期

第364期

第365期

第366期

第367期

第368期

第369期

第370期

第371期

第372期

第373期

第374期

第375期

第376期

第377期

第378期

第379期

第380期

第381期

第382期

第383期

第384期

第385期

第386期

第387期

第388期

第389期

第390期

第391期

第392期

第393期

第394期

第395期

第396期

第397期

第398期

第399期

第400期

第401期

第402期

第403期

第404期

第405期

第406期

第407期

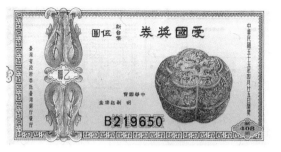

第408期

第409期

第410期

第411期

第412期

第413期

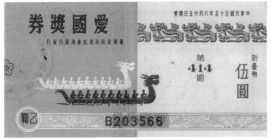

第414期

第415期

第416期

第417期

第418期

第419期

第420期

第421期

第422期

第423期

第424期

第425期

第426期

第427期

第428期

第429期

第430期

第431期

第432期

第433期

第434期

第435期

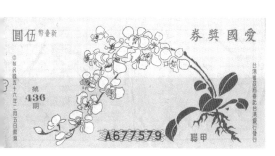

第436期

第437期

第438期

第439期

第440期

第441期

第442期

第443期

第444期

第445期

第446期

第447期

第448期

第449期

第450期

第451期

第452期

第453期

第454期

第455期

第456期

第457期

第458期

第459期

第460期

第461期

第462期

第463期

第464期

第465期

第466期

第467期

第468期

第469期

第470期

第471期

第472期

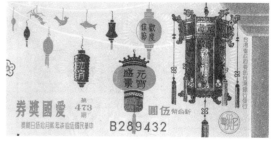

第473期

第474期

第475期

第476期

第477期

第478期

第479期

第480期

第481期

第482期

第483期

第484期

第485期

第486期

第487期

第488期

第489期

第490期

第491期

第492期

第493期

第494期

第495期

第496期

第497期

第498期

第499期

第500期

第501期

第502期

第503期

第504期

第505期

第506期

第507期

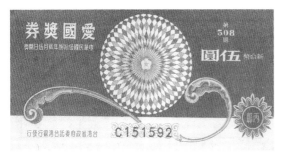

第508期

第509期

第510期

第511期

第512期

第513期

第514期

第515期

第516期

第517期

第518期

第519期

第520期

第521期

第522期

第523期

第524期

第525期

第526期

第527期

第528期

第529期

第530期

第531期

第532期

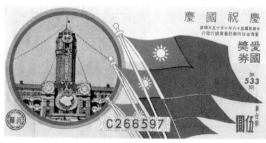

第533期

第534期

第535期

第536期

第537期

第538期

第539期

第540期

第541期

第542期

第543期

第544期

第545期

第546期

第547期

第548期

第549期

第550期

第551期

第552期

第553期

第554期

第555期

第556期

第557期

第558期

第559期

第560期

第561期

第562期

第563期

第564期

第565期

第566期

第567期

第568期

第569期

第570期

第571期

第572期

第573期

第574期

第575期

第576期

第577期

第578期

第579期

第580期

第581期

第582期

第583期

第584期

第585期

第586期

第587期

第588期

第590期

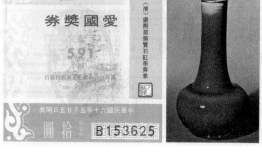

第591期

第592期

第593期

第594期

第595期

第596期

第597期

第598期

第599期

第600期

第601期

第602期

第603期

第604期

第605期

第606期

第607期

第608期

第609期

第610期

第611期

第612期

第613期

第614期

第615期

第616期

第617期

第618期

第619期

第620期

第621期

第622期

第623期

第624期

第625期

第626期

第627期

第628期

第629期

第630期

第631期

第632期

第633期

第634期

第635期

第636期

第637期

第638期

第639期

第640期

第641期

第642期

第643期

第644期

第645期

第646期

第647期

第648期

第649期

第650期

第651期

第652期

第653期

第654期

第655期

第656期

第657期

第658期

第659期

第660期

第661期

第662期

第663期

第664期

第665期

第666期

第667期

第668期

第669期

第670期

第671期

第672期

第673期

第674期

第675期

第676期

第677期

第678期

第679期

第680期

第681期

第682期

第683期

第684期

愛國獎券
中華民國六十二年十二月二十五日開獎
臺灣省政府委託臺灣銀行發行
684
拾 圓 新臺幣
A289098

唐)李光弼戰納靴叉

愛國獎券
中華民國六十三年元月五日開獎
臺灣省政府委託臺灣銀行發行
慶祝元旦
第685期
拾 圓 新臺幣
A682115

第685期

第686期

愛國獎券
中華民國六十三年元月十五日開獎
臺灣省政府委託臺灣銀行發行
第686期
拾 圓 新臺幣
B761617

(唐)張巡草人借箭

愛國獎券
中華民國六十三年元月廿五日開獎
臺灣省政府委託臺灣銀行發行
第687期
拾 圓
B498718

春

新春誌慶

第687期

第688期

愛國獎券
中華民國六十二年十二月五日開獎
臺灣省政府委託臺灣銀行發行
第688期
拾 圓 新臺幣
C742362

(唐)李勣煮粥焚鬚

愛國獎券
中華民國六十三年二月五日開獎
臺灣省政府委託臺灣銀行發行
第689期
慶祝元宵
拾 圓 新臺幣
C628078

第689期

第690期

第691期

第692期

第693期

第694期

第695期

第696期

第697期

第698期

第699期

第700期

第701期

第702期

第703期

第704期

第705期

第706期

第707期

第708期

第709期

第710期

第711期

第712期

第713期

第714期

第715期

第716期

第717期

第718期

第719期

第720期

第721期

第722期

第723期

第724期

第725期

第726期

第727期

第728期

第729期

第730期

第731期

第732期

第733期

第734期

第735期

第736期

第737期

第738期

第739期

第740期

第741期

第742期

第743期

第744期

第745期

第746期

第747期

第748期

第749期

第750期

第751期

第752期

第753期

第754期

第755期

第756期

第757期

第758期

第759期

第760期

第761期

第762期

第763期

第764期

第765期

第766期

第767期

第768期

第769期

第770期

第771期

第772期

第773期

第774期

第775期

第776期

第777期

第778期

第779期

第780期

第781期

第782期

第783期

第784期

第785期

第786期

第787期

第788期

第789期

第790期

第791期

第792期

第793期

第794期

第795期

第796期

第797期

第798期

第799期

第800期

第801期

第802期

第803期

第804期

第805期

第806期

第807期

第808期

第809期

第810期

第811期

第812期

第813期

第814期

第815期

第816期

第817期

第818期

第819期

第820期

第821期

第822期

第823期

第824期

第825期

第826期

第827期

第828期

第829期

第830期

第831期

第832期

第833期

第834期

第835期

第836期

第837期

第838期

第839期

第840期

第841期

第842期

第843期

第844期

第845期

第846期

第847期

第848期

第849期

第850期

第851期

第852期

第853期

第854期

第855期

第856期

第857期

第858期

第859期

第860期

第861期

第862期

第863期

第864期

第865期

第866期

第867期

第868期

第869期

第870期

第871期

第872期

第873期

第874期

第875期

第876期

第877期

第878期

第879期

第880期

第881期

第882期

第883期

第884期

第885期

第886期

第887期

第888期

第889期

第890期

第891期

第892期

第893期

第894期

第895期

第896期

第897期

第898期

第899期

第900期

第901期

第902期

第903期

第904期

第905期

第906期

第907期

第908期

第909期

第910期

第911期

第912期

第913期

第914期

第915期

第916期

第917期

第918期

第919期

第920期

第921期

第922期

第923期

第924期

第925期

第926期

第927期

第928期

第929期

第930期

第931期

第932期

第933期

第934期

第935期

第936期

第937期

第938期

第939期

第940期

第941期

第942期

第943期

第944期

第945期

第946期

第947期

第948期

第949期

第950期

第951期

第952期

第953期

第954期

第955期

第956期

第957期

第958期

第959期

第960期　　　　　　　　　　　　　　　　　　第961期

第962期　　　　　　　　　　　　　　　　　　第963期

第964期　　　　　　　　　　　　　　　　　　第965期

第966期

第967期

第968期

第969期

第970期

第971期

第972期

第973期

第974期

第975期

第976期

第977期

第978期

第979期

第980期

第981期

第982期

第983期

第984期

第985期

第986期

第987期

第988期

第989期

第990期

第991期

第992期

第993期

第994期

第995期

第996期

第997期

第998期

第999期

第1000期

第1001期

第1002期

第1003期

第1004期

第1005期

第1006期

第1007期

第1008期

第1009期

第1010期

第1011期

第1012期

第1013期

第1014期

第1015期

第1016期

第1017期

第1018期

第1019期

第1020期

第1021期

第1022期

第1023期

第1024期

第1025期

第1026期

第1027期

第1028期

第1029期

第1030期

第1031期

第1032期

第1033期

第1034期

第1035期

第1036期

第1037期

第1038期

第1039期

第1040期

第1041期

第1042期

第1043期

第1044期

第1045期

第1046期

第1047期

第1048期

第1049期

第1050期

第1051期

第1052期

第1053期

第1054期

第1055期

第1056期

第1057期

第1058期

第1059期

第1060期

第1061期

第1062期

第1063期

第1064期

第1065期

第1066期

第1067期

第1068期

第1069期

第1070期

第1071期

第1072期

第1073期

第1074期

第1075期

第1076期

第1077期

第1078期

第1079期

第1080期

第1081期

第1082期

第1083期

第1084期

第1085期

第1086期

第1087期

第1088期

第1089期

第1090期

第1091期

第1092期

第1093期

第1094期

第1095期

第1096期

第1097期

第1098期

第1099期

第1100期

第1101期

第1102期

第1103期

第1104期

第1105期

第1106期

第1107期

第1108期

第1109期

第1110期

第1111期

第1112期

第1113期

第1114期

第1115期

第1116期

第1117期

第1118期

第1119期

第1120期

第1121期

第1122期

第1123期

第1124期

第1125期

第1126期

第1127期

第1128期

第1129期

第1130期

第1131期

第1132期

第1133期

第1134期

第1135期

第1136期

第1137期

第1138期

第1139期

第1140期

第1141期

第1142期

第1143期

第1144期

第1145期

第1146期

第1147期

第1148期

第1149期

第1150期

第1151期

第1152期

第1153期

第1154期

第1155期

第1156期

第1157期

第1158期

第1159期

第1160期

第1161期

第1162期

第1163期

第1164期

第1165期

第1166期

第1167期

第1168期

第1169期

第1170期　　　　　　　　　　　　　　　第1171期

國家圖書館出版品預行編目資料

臺灣人的發財美夢——愛國獎券／劉韋卿著. --三
版. --臺北市：五南, 2015.11
　　面；　公分.

ISBN 978-957-11-8329-9 (平裝)
1. 愛國獎券 2.臺灣
563.6933　　　　　　　　　104018304

台灣書房　25

8V10　　臺灣人的發財美夢——
　　　　愛國獎券（珍藏版）

作　　者　劉韋卿（351.4）
總 編 輯　王翠華
副總編輯　蘇美嬌
責任編輯　Fran Hsieh、蔡明慧、邱紫綾
封面設計　童安安

發 行 人　楊榮川
出 版 者　五南圖書出版股份有限公司
地　　址　106台北市大安區和平東路二段339號4樓
電　　話　(02)2705-5066　　傳　　真：(02)2706-6100
網　　址　http://www.wunan.com.tw
電子郵件　wunan@wunan.com.tw
劃撥帳號　01068953
戶　　名　五南圖書出版股份有限公司

顧　　問　林勝安律師事務所　林勝安律師

出版日期　2008年 7 月 初版一刷
　　　　　2011年 4 月 二版一刷
　　　　　2015年11月 三版一刷
定　　價　新台幣420元整